Wolfgang Bott

Dienstordnung für Schulen in Hessen

Wolfgang Bott

Dienstordnung für Schulen in Hessen

Rechte, Pflichten und Aufgaben der Lehrkräfte, Schulleiterinnen und Schulleiter und sozialpädagogischen Mitarbeiter an Schulen in Hessen – mit Erläuterungen

2., überarbeitete Auflage

Carl Link

Abgeschlossen nach dem Rechtsstand vom 1. Juli 2015

Bibliographische Information der Deutschen Nationalbibliothek
Die Deutsche Nationalbibliothek verzeichnet diese Publikation in der Deutschen Nationalbibliografie; detaillierte bibliografische Daten sind im Internet über **http://dnb.d-nb.de** abrufbar.

Art.-Nr. **06732000** (ISBN 978-3-556-06732-1)

Verantwortlich:
Carl Link
Güterstraße 8, 96317 Kronach
E-Mail: info@wolterskluwer.de
Internet: www.carllink.de
www.schulverwaltung.de

Satz: Innodata Inc., Noida, Indien
Druck: Williams Lea & Tag GmbH, München

Vorwort

Die Dienstordnung stellt eine für den schulischen Alltag und dort vor allem für das Zusammenwirken von Schulleiter und Lehrkräften grundlegende Sammlung von Regelungen dar, mit denen die Grundpflichten und -rechte beschrieben werden. Diese ergeben sich zwar in vielen Fällen aus höherrangigem Recht wie dem HSchG und dem HBG, werden aber durch die Dienstordnung schulbezogen konkretisiert.

Die hier vorgelegte Kommentierung der Dienstordnung will die Zusammenhänge zwischen den Detailregelungen der Dienstordnung und den sie begründenden höherrangigen Rechtsvorschriften nachvollziehen und weiterführende Hinweise zu verschiedenen Zuständigkeitsregelungen geben. Durch die Überarbeitung werden sowohl die nach dem zweiten Dienstrechtsreformgesetz notwendigen Anpassungen als auch sonstige Aktualisierungen vorgenommen.

Für ergänzende Hinweise sind Verlag und Autor jederzeit dankbar.

Dr. Wolfgang Bott

Inhaltsverzeichnis

Seite

DRITTER TEIL
Schulleitung

VIERTER TEIL
Schulleiterin und Schulleiter

Dienstordnung für Lehrkräfte, Schulleiterinnen und Schulleiter und sozialpädagogische Mitarbeiterinnen und Mitarbeiter

vom 4. November 2011 (ABl. S. 370); Gült. Verz. Nr. 7200
– mit Erläuterungen –

ERSTER TEIL
Allgemeines

§ 1 [Pflichten und Rechte]

Pflichten und Rechte der Lehrkräfte, der Schulleiterinnen und Schulleiter sowie der sozialpädagogischen Mitarbeiterinnen und Mitarbeiter ergeben sich insbesondere aus den §§ 86, 87, 88 und 90 des Schulgesetzes, dem Hessischen Lehrerbildungsgesetz, den Regelungen dieser Dienstordnung, den Beschlüssen der zuständigen Konferenzen und den Anordnungen der Schulaufsichtsbehörden.

Erläuterungen:

Diese Vorschrift beschreibt einleitend den Geltungsbereich der Dienstordnung in personeller und sachlicher Hinsicht. Die Dienstordnung betrifft nur das staatliche Personal an den öffentlichen Schulen im Land Hessen, d. h. Lehrkräfte, Schulleiter, Erzieher und sonderpädagogische Fachkräfte, unabhängig vom jeweiligen Beschäftigungsverhältnis als Beamte oder Tarifbeschäftigte, nicht aber das sonstige von den Schulträgern nach § 90 Abs. 1 Satz 2 HSchG den Schulen zur Verfügung gestellte Personal wie Schulhausmeister und Sekretärinnen. Eine verbindliche Erstreckung auf die Schulen in freier Trägerschaft ist wegen der insoweit bestehenden Unabhängigkeit dieser Schulen nicht möglich, die Dienstordnung enthält selbst dazu auch keine Empfehlung, auch wenn dies sich inhaltlich anbieten würde.

In der Sache stellt die Dienstordnung im Wesentlichen eine Konkretisierung der vorrangigen Regelungen des Schul-, Beamten- und Tarifrechts für die öffentlichen Schulen im Land Hessen dar, indem sie die dort notwendigerweise allgemeinen, für alle Verwaltungsbereiche gültigen Regelungen für die Schulen näher ausgestaltet.

Als Geschäftsordnung für die einzelne Schule regelt sie jedoch nur die Rechte und Pflichten der Schulleiter und Lehrkräfte, nicht aber die Arbeit der schulischen Gremien wie Lehrer-, Klassen-, Fach- und Schulkonferenz, diese werden statt dessen in der Konferenzordnung geregelt.

Darüber hinaus wird beispielhaft – wie auch in § 3 DO – das Verhältnis der Dienstordnung zu spezielleren Vorschriften beschrieben, dieses wird im Wesentlichen durch die Ranghöhe dieser Vorschriften bestimmt, soweit sie ranggleich oder ranghöher sind, d. h. ebenfalls mindestens Verordnungscharakter besitzen, gehen sie der Dienstordnung vor, soweit sie rangniedriger sind, d. h. keinen Verordnungscharakter besitzen, gehen die Regelungen der Dienstordnung den Spezialregelungen vor. Darüber hinaus nennt sie die neben den durch ranghöhere Normen bestehenden Bindungen des staatlichen schulischen Personals durch schuleigenen Beschlüsse der verschiedenen Konferenzen nach §§ 133 ff HSchG und durch die Weisungsbefugnisse der Schulaufsicht nach §§ 92 ff HSchG.

Die durch die Novellierung der Dienstordnung im Jahr 2011 eingefügte Bezugnahme auf die Vorgaben des HLBG trägt den in diesem Gesetz enthaltenen Verpflichtungen der Lehrkräfte insbesondere im Rahmen ihrer Tätigkeit als Ausbilder oder Mentoren für Lehrkräfte im Vorbereitungsdienst (LiV) Rechnung.

§ 3 [Vorrang des Gesetzes]

Die Regelung stellt im Kern eine als Einleitung klarstellende Bezugnahme auf höherrangiges Recht dar.

§ 2 [Erfüllung des Bildungs- und Erziehungsauftrags]

Die Lehrkräfte erfüllen den Bildungs- und Erziehungsauftrag der Schule auf der Grundlage fachlichen Könnens, wissenschaftsorientierter und kooperativer Arbeitsweisen, pädagogischer Befähigung und psychologischen Einfühlungsvermögens.

Erläuterungen:

Die Vorschrift stellt eine Konkretisierung des § 86 Abs. 2 HSchG dar, indem sie die – selbstverständlichen – Grundlagen des Handelns der Lehrkräfte beschreibt, die über den Wortlaut des § 86 Abs. 2 HSchG hinaus reichen und eine Art pädagogisches Grundverständnis darstellen.

Die durch die Novellierung der Dienstordnung im Jahr 2011 erfolgten Änderungen sind insoweit eine Erweiterung des bisherigen Textes, als nunmehr auf den Bildungs- und Erziehungsauftrag der §§ 1 – 3 HSchG ausdrücklich Bezug genommen wird, die übrigen Änderungen sind eher sprachlicher, denn inhaltlicher Natur.

Über den Wortlaut hinaus entfaltet die Vorschrift auch weitergehende Wirkungen, indem sie die an Lehrkräfte zu stellenden Anforderungen nennt, die die Lehrkräfte im Rahmen ihrer Berufsausübung „zu erfüllen" haben. Bereits aus diesen programmatischen Ausführungen folgt die für alle Lehrkräfte bestehende Verpflichtung, ihr fachliches Können den Anforderungen entsprechend aktuell zu halten, ihre Arbeitsweisen an den Grundsätzen der Wissenschaft zu orientieren und mit anderen Lehrkräften kooperativ (und nicht als Einzelkämpfer) zusammenzuarbeiten. Daneben werden pädagogische Befähigung und psychologisches Einfühlungsvermögen wie selbstverständlich vorausgesetzt.

Insgesamt sind die in dieser Vorschrift beschriebenen Anforderungen an die Lehrkräfte als durchaus anspruchsvoll zu bezeichnen. In den folgenden Regelungen der Dienstordnung werden die notwendigen Detaillierungen vorgenommen, ohne die eine Umsetzung der Vorgaben dieser Vorschrift wenig realistisch erscheint.

§ 3 [Vorrang des Gesetzes]

Die Bestimmungen des Hessischen Personalvertretungsgesetzes, die Regelungen über das Mitbestimmungsrecht der Eltern und der Schüler- und Studierendenvertretungen bleiben durch diese Dienstordnung unberührt.

Erläuterungen:

Inhalt dieser Vorschrift ist im Kern das in Art 19 Abs. 4 GG enthaltene Verfassungsprinzip des Vorrangs des Gesetzes. Dieses Prinzip bedeutet, dass Gesetze in der Normhierarchie vor Verordnungen, Richtlinien, Verwaltungsvorschriften oder ähnlichen Regelungen stehen.

Während Gesetze als abstrakt-generelle Rechtssätze von der jeweils zuständigen Volksvertretung, d. h. bei Bundesgesetzen vom Bundestag und bei Landesgesetzen in Hessen vom Hessischen Landtag erlassen werden, werden die Verordnungen, Richtlinien oder Verwaltungsvorschriften vom jeweils zuständigen Fachministerium, das ist im Schulbereich in Hessen das Hessische Kultusministerium, erlassen.

Verordnungen wie z. B. die Verordnung zur Gestaltung des Schulverhältnisses (VOGestSchV) oder die Verordnung über die Bildungsgänge in der Primar- und Sekundarstufe I (VOBGM) sind dabei ebenfalls abstrakt-generelle Rechtssätze, die wie Gesetze allgemeine außenwirksame Verbindlichkeit zur Ergänzung oder Ausgestaltung der eher allgemeinen gesetzlichen Bestimmungen entfalten.

Demgegenüber haben Verwaltungsvorschriften oder Richtlinien lediglich den Charakter verwaltungsinterner Regelungen ohne unmittelbare Rechtswirkungen gegenüber Dritten, die nicht der Verwaltung angehören.

In entsprechender Weise ist die Dienstordnung als interne Verwaltungsvorschrift im Geschäftsbereich des hessischen Kultusministeriums zu qualifizieren. Sie enthält in Teilbereichen Konkretisierungen höherrangigen Rechts wie des HBG und des HSchG und in weiteren Teilbereichen lediglich Wiederholungen bezüglich der Rechte und Pflichten der Lehrkräfte, Schulleitungsmitglieder und sonstigen Landesbediensteten an den Schulen in Hessen.

In diesen Funktionen ist die Dienstordnung nicht nur den konkret aufgeführten Regelungen des HPVG, der §§ 100 – 120 HSchG zu den Elternvertretungen und den §§ 121 – 126 HSchG zu den Schüler- und Studierendenvertretungen nachrangig, sondern auch allen übrigen im Schulbereich anzuwendenden, aber hier nicht genannten, aber an anderer Stelle der DO zitierten Gesetzen wie z. B. BeamtStG, HBG und HSchG sowie dem ebenfalls nicht erwähnten, aber für alle Lehrkräfte im Tarifbeschäftigtenverhältnis maßgeblichen Tarifvertrag für den öffentlichen Dienst des Landes Hessen (TV-H) vom 31.12.2012.

Die Bestimmung stellt daher lediglich eine unvollständige Wiedergabe einer allgemeingültigen verfassungsrechtlichen Vorgabe ohne eigenen Regelungsgehalt dar.

ZWEITER TEIL
Lehrkräfte

§ 4 Abs. 1 [Eigenveranwortung der Lehrkraft]

Die Lehrkräfte erziehen, unterrichten, beraten und betreuen in eigener Verantwortung und pädagogischer Freiheit im Rahmen der Grundsätze und Ziele der §§ 1 bis 3 des Schulgesetzes sowie der sonstigen Rechts- und Verwaltungsvorschriften und der Konferenzbeschlüsse (§ 86 Abs. 2 Satz 1 und 2 des Schulgesetzes). Der Unterricht ist auf der Grundlage der geltenden Lehrpläne und Bildungsstandards, des geltenden Kerncurriculums sowie unter Beachtung pädagogischer Erkenntnisse, über deren jeweils neusten Stand die Lehrkräfte sich zu informieren haben, zu erteilen. Eine längerfristige Unterrichtsplanung, in der Regel für ein Schuljahr und eine gründliche Unterrichtsvorbereitung sind vorzunehmen. Im Unterricht sollen die unterschiedlichen Auffassungen, die für den jeweiligen Unterrichtsgegenstand erheblich sind, angemessen zur Geltung kommen; das Recht der Lehrkraft, im Unterricht auch die eigene Meinung zu äußern, bleibt unberührt.

Erläuterungen:

Satz 1 stellt bis auf die Einfügung des Begriffs der pädagogischen Freiheit eine wörtliche Wiedergabe des § 86 Abs. 2 Satz 1 HSchG dar. Der Begriff der pädagogischen Freiheit wird seinerseits in § 86 Abs. 2 Satz 2 HSchG zwar ausdrücklich genannt, aber nicht näher definiert, sondern nur dahingehend beschrieben, dass in sie so wenig wie möglich durch Vorgaben aus Rechts- und Verwaltungsvorschriften sowie Konferenzbeschlüsse eingegriffen werden soll.

Hieraus wird jedoch für die einzelne Lehrkraft kein individuell einklagbares subjektives öffentliches Recht gewährt, sondern die pädagogische Freiheit wird der einzelnen Lehrkraft lediglich eingeräumt. Dabei ist sie Ausdruck der selbstverständlichen Erkenntnis, dass die originär pädagogische Tätigkeit des Lehrers und Erziehers, d.h. der konkreten Unterrichtserteilung in der Klasse, nur begrenzt einer Überprüfung zugänglich ist. Denn bei diesem Kernbereich pädagogischen Handelns entsteht jeweils eine unwiederbringliche Einzelfallsituation, die nachträglich kaum nachvollzogen, geschweige denn wiederhergestellt werden kann. Bereits hieraus ergibt sich, dass eine Ersetzung derartig originärer pädagogischer Entscheidungen durch die Schulaufsicht oder das Verwaltungsgericht nur in besonderen Einzelfällen möglich sein kann.

Vielmehr ist festzustellen, dass die so verstandene und im HSchG verankerte pädagogische Freiheit der bestmöglichen Wahrnehmung schulischer Erziehungsarbeit dient und damit auch im öffentlichen Interesse liegt.

Allerdings scheidet eine Berufung auf Art 5 Abs. 3 GG, wonach die Freiheit von Kunst und Wissenschaft garantiert werden, ausdrücklich aus. Denn nach insoweit eindeutigem Verfassungsverständnis unterscheidet sich die Unterrichts- und Erziehungsarbeit der einzelnen Lehrkraft grundlegend von der Arbeit des Wissenschaftlers oder Künstlers. Während Wissenschaftler oder Künstler im Kern im Rahmen ihrer Lehre die Erkenntnisse vermitteln, die sie auf Grund eigener Forschung oder eigenen Werks gewonnen haben, hat die Lehrkraft in der Regel nach allgemeinen Vorgaben bereits gesicherte Informationen und Inhalte an die Schüler weiterzugeben.

Damit schließt dieses Verständnis von pädagogischer Freiheit die Möglichkeit der einzelnen Lehrkraft aus, bei eventuell stattfindenden Beeinträchtigungen „ihrer" pädagogischen Freiheit die Verletzung eigener Rechte geltend machen zu können (ständige Rechtsprechung, vgl. z.B. HVGH vom 12.10.1994, Az.: 1 UE 1042/92 und vom 30.4.1997, Az.: 7 TH 2842/94).

Aus der Regelung in § 86 Abs. 2 HSchG, in dem die pädagogische Freiheit erwähnt wird, ergibt sich mit hinreichender Deutlichkeit, dass die pädagogische Freiheit nicht unbegrenzt eingeräumt wird; vielmehr wird darauf verwiesen, dass Grenzen existieren, ohne diese jedoch exakt zu beschreiben.

§ 4 Abs. 1 [Eigenverantwortung der Lehrkraft]

Zunächst ergibt sich bereits aus Art 7 Abs. 1 GG, wonach das gesamte Schulwesen unter der Aufsicht des Staates steht, dass auch der einzelne Lehrer in seiner schulischen Tätigkeit unter staatlicher Aufsicht steht.

Dabei ist zu unterscheiden nach Rechts-, Dienst- und Fachaufsicht im Sinne von § 92 HSchG.

Die *Rechtsaufsicht* umfasst im Kern das rechtlich relevante Handeln des Lehrers, d.h. ob er bei seiner Tätigkeit die maßgeblichen Rechtsvorschriften eingehalten und nicht verletzt hat.

Diese Form der Aufsicht ist für den Lehrer berechenbar, da sich die Maßstäbe dieser Aufsicht aus dem geschriebenen oder von Gerichten gesprochenen Recht schon vor seinem Handeln ablesen lassen. Eine Ersetzung der vom einzelnen Lehrer getroffenen Entscheidung ist hierbei nur denkbar, wenn er gegen bestehendes Recht verstoßen hat.

Die *Dienstaufsicht* umfasst im Kern das persönlich-dienstliche Verhalten des Lehrers, d.h. ob sein persönlich-dienstliches Handeln im Einklang mit seinen Dienstpflichten steht.

Da diese Dienstpflichten im Wesentlichen wiederum in Rechtsvorschriften niedergelegt sind, ist auch diese Form der Aufsicht für den einzelnen Lehrer vorhersehbar. Eine Beanstandung des Handelns des einzelnen Lehrers ist dementsprechend nur möglich, wenn er gegen bestehende Handlungspflichten verstoßen hat.

Aus der Sicht des einzelnen Lehrers schwieriger vorherzusehen könnte allein die **Fachaufsicht** sein, mit der das persönlich-fachliche Handeln des einzelnen Lehrers überprüft werden kann.

Hierbei ist zu differenzieren, in welchem Rahmen oder zu welchem Anlass eine solche fachliche Kontrolle stattfindet.

Sofern sie im Rahmen der Einzelfallüberprüfung einer konkreten pädagogischen Entscheidung innerhalb der Klassensituation erfolgt, ist sie auf Grund ihrer Unwiederbringlichkeit einer nachträglichen Bewertung – außer auf Einhaltung der für sie geltenden rechtlichen Regeln – grundsätzlich entzogen.

Denkbar erscheint insoweit allein eine Beratung mit der Zielrichtung, möglichst in künftigen Vergleichsfällen auch die pädagogischen Argumente der Schulaufsicht in die eigene Lehrerentscheidung einzubeziehen, ohne dass dies in der Regel einer konkreten Weisung zugänglich wäre.

Etwas anderes kann allerdings dann gelten, wenn Gegenstand der Überprüfung die dienstlich-fachliche Leistungsfähigkeit des Lehrers ist, die z.B. anlässlich eines Unterrichtsbesuchs im Rahmen einer Regel- oder Anlassbeurteilung erfolgt. Hier ist der Schulleiter oder die Schulaufsicht berechtigt, das pädagogische Handeln des Lehrers auf Grund ihrer Stellung als Dienstvorgesetzte zu beurteilen und zu bewerten, ohne aber auf die innerhalb der Stunde getroffenen Einzelentscheidungen selbst Einfluss zu nehmen.

Insgesamt beschränkt sich daher die schulaufsichtliche Kontrolle – sowohl durch Pädagogen als auch durch Juristen – im Kern auf eine Rechtskontrolle, die eine Ersetzung rechtmäßig getroffener originärer pädagogischer Entscheidungen ausschließt, so dass zu Befürchtungen oder Vorbehalten kein Anlass besteht, sondern im Gegenteil der pädagogische Freiraum des einzelnen Lehrers gerade sichergestellt wird.

Weitere Bindungen der pädagogischen Freiheit ergeben sich vor allem aus den Grundrechten der Schüler und deren Eltern, die von den Lehrkräften im Rahmen ihrer Dienstausübung zu beachten sind, sowie aus den Vorgaben des HSchG und den dieses ergänzenden Verordnungen einschließlich der Dienstordnung selbst.

Schließlich erfährt die pädagogische Freiheit Begrenzungen durch innerschulische Vorgaben. Hierzu gehören die Entscheidungen der Schulkonferenz, der Lehrerkonferenzen und gerade in pädagogischen Fragestellungen der Fachkonferenzen.

Die pädagogische Freiheit ist umso weniger begrenzt, je weniger (detaillierte) Regelungen auf der Gesetzes-, Verordnungs- oder Schulebene vorhanden sind.

Im Interesse einer möglichst weitgehenden Eigenverantwortung der einzelnen Lehrkraft bei ihrer Unterrichtsgestaltung sollten sich Gesetz- und Verordnungsgeber bei der Abfassung von verbindlichen Vorgaben möglichst zurückhalten.

In entsprechender Weise ist auch den Schulen selbst zu empfehlen, verbindliche Festlegungen auf das von der einzelnen Schule selbst für unbedingt erforderliche gehaltene Mindestmaß zu beschränken.

Denn für jede einzelne Regelung gilt, dass sie zwar Zweifel beseitigt, aber gleichzeitig Entfaltungsräume nimmt.

Allerdings lassen sich derartige im Interesse der pädagogischen Freiheit gewünschte Freiräume nur erhalten, wenn sie verantwortungsbewusst genutzt werden. Oder anders formuliert, nur wer bereit ist, für seine pädagogischen Entscheidungen selbst Verantwortung zu übernehmen, darf derartige Freiräume für sich beanspruchen.

Die Grenzen der pädagogischen Freiheit sind daher – von wenigen grundlegenden Ausnahmen abgesehen – nicht statisch festgelegt, sondern unterliegen dauernden Veränderungen, die in wesentlichen Teilen von der Schule und den Lehrkräften selbst zu beeinflussen sind, indem sie entweder selbst von der Schaffung derartiger freiraumbegrenzender Regelungen absehen oder keine solchen Regelungen durch Nachfragen bei den vorgesetzten Behörden initiieren.

Satz 2 stellt zunächst eine Konkretisierung der allgemeinen in § 2 DO aufgestellten Pflichten der Lehrkräfte bezogen auf ihre Unterrichtserteilung dar.

Hier werden die selbstverständlichen unterrichtsbezogenen Kernpflichten der Lehrkräfte beschrieben, nach denen jede Lehrkraft ihren Unterricht unter Beachtung der geltenden Lehrpläne nach § 4 a HSchG, Bildungsstandards nach § 4 Abs. 2 HSchG und Kerncurricula nach § 4 Abs. 1 HSchG zu gestalten hat, was nicht zuletzt unter Beachtung des Grundsatzes der Gleichbehandlung aller Schüler entsprechend Art. 3 Abs. 1 GG unverzichtbar ist.

Daneben wird die in § 4 Abs. 6 DO verankerte allgemeine Pflicht der Lehrkräfte zur Fortbildung als Pflicht zur Selbstinformation über die zu beachtenden neuen pädagogischen Erkenntnisse näher konkretisiert.

Satz 3 enthält zunächst die für eine geordnete Unterrichtserteilung unabdingbare Verpflichtung zur längerfristigen Unterrichtsplanung für das jeweilige Schuljahr und darüber hinaus auch die selbstverständliche Pflicht zur gründlichen Unterrichtsvorbereitung.

Ferner wird aus dieser Festlegung deutlich, dass sich die Arbeitszeit der Lehrkräfte nicht in der Erteilung von Unterricht erschöpft, sondern ausdrücklich die Unterrichtsplanung und -vorbereitung sowie – wenn auch nicht ausdrücklich genannt – die Unterrichtsnachbereitung einschließt (vgl. zur Arbeitszeit der Lehrkräfte § 8 Abs. 3/4 DO).

Satz 4 enthält zunächst die selbstverständliche Verpflichtung der einzelnen Lehrkraft, alle für die Behandlung eines Unterrichtsgegenstandes maßgeblichen Gesichtspunkte und unterschiedlichen Auffassungen angemessen, d.h. im Rahmen seiner pädagogischen Freiheit verantwortungsvoll zur Geltung kommen zu lassen. Dies entspricht der in § 33 Abs. 1 Satz 2 BeamtStG aufgestellten Pflicht zur unparteiischen und gerechten Amtsführung für Lehrkräfte im Beamtenverhältnis, die in § 3 Abs. 1 Satz 1 TV-H für Lehrkräfte im Tarifbeschäftigtenverhältnis in entsprechender Weise formuliert wird.

Darüber hinaus stellt die Vorschrift unter Beachtung der Tatsache, dass auch Lehrkräfte im Dienst Träger von Grundrechten einschließlich des auf Meinungsfreiheit nach Art 5 Abs. 1 GG sind, mit der gebotenen Deutlichkeit klar, dass es Lehrkräften erlaubt ist, eine eigene Auffassung zu strittigen politischen Fragen zu haben, diese zu vertreten und sich dafür zu engagieren.

Dies bedeutet für ihr Handeln im Unterricht, dass die Lehrkraft eine eigene Meinung haben und den Schülern gegenüber vertreten darf, sie muss allerdings innerhalb des Unterrichts die Möglichkeit zur Äußerung anderer Meinungen eröffnen und darf den Schülern ihre eigene Meinung nicht aufzwingen.

§ 4 Abs. 2 [Schulprogramm]

Die Lehrkräfte sind verpflichtet, an der Entwicklung, Umsetzung und Überprüfung des Schulprogramms mitzuwirken und ihre Unterrichts- und Erziehungsarbeit zu koordinieren.

Erläuterungen:

Diese Vorschrift stellt eine notwendige Konkretisierung des § 127 b HSchG dar, nach dem die einzelne Schule Unterricht, Schulleben und Erziehung selbstständig zu planen und durchzuführen hat, indem sie sich ein Schulprogramm gibt.

Die Arbeit am Schulprogramm setzt notwendigerweise voraus, dass sich alle Lehrkräfte der einzelnen Schule an dieser Arbeit beteiligen. Insoweit wird damit eine grundlegende, bereits in § 86 Abs. 5 HSchG benannte Verpflichtung der Lehrkräfte unterstrichen.

Ebenso unverzichtbar für ein den Grundsätzen kooperativer Pädagogik (vgl. o. § 2 DO) entsprechendes Handeln der Lehrkräfte ist die hier wiedergegebene Verpflichtung der Lehrkräfte, ihre Unterrichts- und Erziehungsarbeit zu koordinieren. Denn gerade die Erziehungsarbeit der einzelnen Schule gegenüber Schülern, die zu ihrem Schulerfolg besondere Zuwendung und Förderung benötigen, wird nur bei wechselseitiger Information und Abstimmung der diesen Schüler unterrichtenden Lehrkräfte erfolgreich sein können.

§ 4 Abs. 3 [Norm- und Behördenhierarchie]

Lehrkräfte haben die geltenden Rechts- und Verwaltungsvorschriften und Anordnungen der Schulaufsichtsbehörden, Weisungen der Schulleiterin oder des Schulleiters und die Beschlüsse der Schulkonferenz und der Lehrerkonferenzen zu beachten. Sie sind verpflichtet, sich über die geltenden Vorschriften, Weisungen und Konferenzbeschlüsse zu informieren.

Erläuterungen:

Satz 1 beinhaltet eine Klarstellung der bereits in § 86 Abs. 2 Satz 1 HSchG und § 1 DO enthaltenen Norm- und Behördenhierarchieregelungen. Aus den rechtsstaatlichen Vorgaben insbesondere den Grundsätzen des Gesetzesvorrangs ergibt sich zunächst die Verpflichtung als Mitarbeiter der öffentlichen Verwaltung, zu der auch die öffentliche Schule zu rechnen ist, alle in Gesetzen, Verordnungen und Verwaltungsvorschriften enthaltenen Vorgaben zu beachten. Zum anderen folgt aus der in die Behördenhierarchie eingebundenen Stellung der einzelnen Lehrkraft, dass sie die Vorgaben und Weisungen der Schulaufsicht nach § 93 HSchG und ihres Schulleiters nach § 88 Abs. 4 Satz 1 HSchG zu befolgen hat. Schließlich ist die einzelne Lehrkraft nach §§ 129 ff HSchG und den Regeln der KO verpflichtet, die Beschlüsse der Schul- und Lehrerkonferenzen zu den pädagogischen Fragestellungen, zu denen diesen Gremien Zuständigkeiten eingeräumt sind, zu beachten, auch wenn über die Sinnhaftigkeit derartiger Beschlussregelungen im Einzelfall durchaus Zweifel angemeldet werden dürfen (vgl. o. zu Abs. 1).

Satz 2 weist der einzelnen Lehrkraft bezüglich der Beachtung der für sie geltenden Vorgaben nach Satz 1 eine eigene Mitwirkungs- und Informationspflicht zu. Danach kann sich – abgesehen von grundlegenden Änderungen – die Lehrkraft nicht darauf verlassen, von ihrem Schulleiter über alle für ihr Handeln wesentlichen Regelungen und deren Änderungen jeweils umfassend, mindestens aber ausreichend informiert zu werden, sondern ist ausdrücklich gehalten, sich selbst über die für ihr Handeln geltenden Bestimmungen und sonstigen Vorgaben auf dem Laufenden zu halten. Insoweit stellt diese Regelung eine spezielle Form der Verpflichtung jeder Lehrkraft dar, sich in geeigneter Weise beruflich fortzubilden (vgl. u. Abs. 6).

§ 4 Abs. 4 [Pünktlichkeit]

Lehrkräfte haben für einen pünktlichen Unterrichtsbeginn und Unterrichtsschluss Sorge zu tragen. Sie sind verpflichtet, die angeordneten schriftlichen Nachweise fortlaufend zu aktualisieren.

Erläuterungen:

Die in **Satz 1** enthaltene Verpflichtung, ihren Unterricht pünktlich zu beginnen und zu beenden, hat ihren Ursprung in der in § 69 Abs. 4 HSchG geregelten Verpflichtung der Schüler, alle Schulveranstaltungen – auch jenseits der Schulpflicht – regelmäßig zu besuchen. Hieraus resultiert ihr Anspruch auf Unterricht gemäß § 69 Abs. 2 Satz 1 HSchG nach Maßgabe der Stundentafel. Dieser Anspruch beinhaltet nicht nur die Erteilung von Unterricht überhaupt, sondern auch dessen planmäßigen Umfang, d.h. seinen pünktlichen Beginn und Abschluss.

Die in **Satz 2** enthaltene Verpflichtung steht mit der in Satz 1 beschriebenen in einem unmittelbaren inhaltlichen Zusammenhang. Denn aus dem Anspruch der Schüler auf Unterricht erwächst sowohl deren Anspruch auf Stellung, Korrektur und Bewertung der schriftlichen Arbeiten, zu deren Anfertigung die Schüler nach § 69 Abs. 4 HSchG i.V.m. §§ 26 ff VOGestSchV verpflichtet sind, als auch der Anspruch auf jederzeitige Dokumentation, um den Schülern und deren Eltern auf deren Wunsch die erteilten Bewertungen begründen zu können.

Daneben lässt sich dieser Regelung auch die Verpflichtung der Lehrkräfte entnehmen, dass die von ihnen gestellten schriftlichen Arbeiten den aktuellen fachlichen Anforderungen zu entsprechen haben, d.h. die aktuellen Entwicklungen in der pädagogischen Wissenschaft zu berücksichtigen haben. Insoweit stellt Satz 2 eine Konkretisierung der allgemeinen Verpflichtung des § 2 DO dar.

Dementsprechend stellt diese Vorschrift auch eine Konkretisierung der aus § 35 Satz 2 BeamtStG resultierenden Pflicht dar, alle Weisungen der vorgesetzten Behörden zu befolgen sowie der aus § 34 Satz 3 BeamtStG resultierenden Pflicht, sich im Rahmen der Berufsausübung so zu verhalten, dass es der Achtung und dem Vertrauen entspricht, die diese erfordert. Dies bedeutet vor allem, dass die Lehrkräfte sich jederzeit ihrer Vorbildrolle gegenüber den ihnen anvertrauten Schülern bewusst sein müssen, um sich dieser entsprechend zu verhalten.

§ 4 Abs. 5 [Mitwirkung bei Lehrerausbildung/-fortbildung]

Zu den Aufgaben der Lehrkräfte gehört es, im Rahmen der geltenden Vorschriften bei der Lehrerausbildung und Lehrerfortbildung in der Schule mitzuwirken, insbesondere als Mentorinnen und Mentoren der Lehrkräfte im Vorbereitungsdienst und als Betreuerinnen und Betreuer der Teilnehmerinnen und Teilnehmer der Schulpraktika.

Erläuterungen:

Nach dieser Vorschrift können Lehrkräfte verpflichtet werden, insbesondere an Maßnahmen der Lehrerausbildung, z. B. durch Übernahme von Mentorentätigkeiten bei der Ausbildung von Lehrkräften im Vorbereitungsdienst gemäß § 40 HLBG i. V. m. § 40 UVO sowie an Maßnahmen der Lehrerfortbildung nach §§ 63 ff HLBG i. V. m. §§ 54 ff UVO mitzuwirken. Hiermit wird eine für die Entwicklung des Schulwesens unverzichtbare Nebenpflicht der einzelnen Lehrkraft beschrieben. Denn nur wenn sich alle Lehrkräfte in der einzelnen Schule an der Ausbildung der Lehrkräfte und Praktikanten durch die Übernahme von Mentoren- und Betreuungsaufgaben beteiligen, kann diese wichtige Aufgabe der Schule ohne übermäßige Belastung einzelner Lehrkräfte gelingen.

Wegen der mit diesen Aufgaben zweifellos verbundenen Mehrbelastung hat es in der Vergangenheit erhebliche Widerstände gegen die Übernahme dieser Tätigkeit gegeben, woraufhin diese Verpflichtung im Rahmen der Novellierung der DO 1998 in diese aufgenommen worden ist.

§ 4 Abs. 6 [Fort-/Weiterbildung]

Alle Lehrkräfte haben die Pflicht und das Recht zur ständigen Fort- und Weiterbildung nach näherer Maßgabe des HLBG.

Erläuterungen:

Die Vorschrift konkretisiert zunächst die allgemeine beamtenrechtliche Pflicht des § 34 Satz 1 BeamtStG, nach der ein Beamter sich mit vollem Einsatz seinem Beruf zu widmen hat. Hierzu gehört auch die Verpflichtung zur Fortbildung. Für Lehrkräfte im Tarifbeschäftigtenverhältnis beinhaltet die Vorschrift eine auf Grund der Verpflichtung zur ordnungsgemäßen Arbeitsleistung nach § 3 Abs. 1 TV-H zu beachtende allgemeine Anordnung des Arbeitgebers. Sie beschreibt zunächst eine Eigenpflicht des Lehrers, für seine eigene Fortbildung zu sorgen. Darüber hinaus stellt sie aber auch eine mit § 17 Abs. 2 DO korrespondierende Berechtigung für die Vorgesetzten (Schulleiter und Staatliches Schulamt) dar, eine Lehrkraft durch Hinweis auf bestimmte Fortbildungsveranstaltungen fördern, aber bei festgestellten fachlichen oder didaktischen Defiziten auch zur Teilnahme an bestimmten Fortbildungsveranstaltungen verpflichten zu können. Diese Fortbildungspflicht wird für Lehrkräfte in § 86 Abs. 2 Satz 3 HSchG i. V. m. §§ 63 ff HLBG ausdrücklich festgelegt.

In diesem Zusammenhang ist auch die Regelvorgabe des § 17 Abs. 2 Satz 3 DO zu beachten, nach der Fortbildung für Lehrkräfte in der unterrichtsfreien Zeit, d. h. nachmittags, an den Wochenenden oder in der den Urlaubsanspruch übersteigenden Zeit der Schulferien stattfinden soll. Dies schließt allerdings – insbesondere bei überregionalen Veranstaltungen – eine Durchführung während der Unterrichtszeit nicht aus.

§ 4 Abs. 7 [Eigentum des Schulträgers]

Lehrkräfte haben darauf zu achten, dass das Eigentum des Schulträgers (Schulgebäude, Schuleinrichtungen, Außenanlagen) pfleglich behandelt und dass Beschädigungen vermieden werden.

Erläuterungen:

Diese Regelung stellt zum einen eine selbstverständliche Konkretisierung der allgemeinen Regel für alle Angehörigen des öffentlichen Dienstes dar, mit aus Steuermitteln beschafften Material selbst pfleglich umzugehen und darauf zu achten, dass diejenigen, für deren Erziehung sie verantwortlich sind, ebenfalls pfleglich damit umgehen. Insoweit ist sie Teil der Grundpflichten für Beamte in § 33 Abs. 1 Satz 2 BeamtStG oder für Tarifbeschäftigte in § 3 Abs. 1 Satz 1 TV-H.

Daneben enthält diese Regelung auch eine Konkretisierung der Zuständigkeiten des Schulleiters nach §§ 88 Abs. 4 Satz 1 und 90 Abs. 1 Satz 1 HSchG, der sowohl gegenüber den Lehrkräften seiner Schule als auch gegenüber dem an der Schule tätigen Personal des Schulträgers im Rahmen seiner eigenen Zuständigkeiten weisungsberechtigt ist und damit das gesamte an der Schule tätige Personal dazu anhalten kann, auf eine pflegliche Behandlung des Eigentums des Schulträgers zu achten.

§ 5 [Außerschulische Personen]

Wollen Lehrkräfte Personen, die nicht zum Kollegium gehören, insbesondere Eltern (§ 16 Abs. 4 des Schulgesetzes), zum Unterricht oder zu sonstigen Schulveranstaltungen heranziehen, so haben sie dabei die Grundsatzbeschlüsse der Schulkonferenz nach § 129 Nr. 7 des Schulgesetzes und der Gesamtkonferenz zu beachten und rechtzeitig die Zustimmung der Schulleiterin oder des Schulleiters (§ 15 Abs. 5) einzuholen. Verweigert

die Schulleiterin oder der Schulleiter die Zustimmung, können Lehrkräfte die Entscheidung der Schulaufsichtsbehörde einholen.

Erläuterungen:

Die Regelung steht im Zusammenhang mit der in § 16 HSchG vorgesehenen Öffnung der einzelnen Schule in ihr Umfeld, indem sie zur Erweiterung ihres pädagogischen Angebots sowohl im Unterricht selbst als auch bei weiteren Schulveranstaltungen geeignete Personen, die nicht nur aus dem Kreis der Eltern gewonnen werden können, in die Schule holt. Zu dem zu berücksichtigenden Personenkreis können vor allem Experten aus der Arbeitswelt zu aktuell im Unterricht zu behandelnden Themen, Fachleute zur Vorbereitung von Exkursionen oder Betriebsbesichtigungen oder sonstigen schulischen Projekten gehören. Maßgebliches Kriterium für die Heranziehung dieses Personenkreises ist die damit verbundene Erweiterung des schulisch-pädagogischen Angebots in der Verantwortung der Schule. Dies bedeutet, dass der Einsatz derartiger außerschulischer Kräfte nur unter Führung und Verantwortung der jeweiligen Lehrkraft stattfinden kann, er kann sie und ihren Unterricht ergänzen und bereichern, aber keinesfalls ersetzen.

Die Regelung stellt formal eine Konkretisierung des § 16 Abs. 4 HSchG dar, nach dessen Satz 1 die Mitwirkung von Eltern und anderen geeigneten Personen im Unterricht und sonstigen Schulveranstaltungen grundsätzlich möglich ist. Die Grundsätze, nach denen Dritte am Unterricht und sonstigen Schulveranstaltungen mitwirken dürfen, sind nach § 16 Abs. 4 Satz 2 HSchG von der Schulkonferenz gemäß § 129 Nr. 7 HSchG nach Anhörung oder auf Vorschlag der Gesamtkonferenz nach § 133 Abs. 2 Satz 3 und 4 HSchG zu beschließen.

Insoweit beinhaltet § 5 **Satz 1** zunächst lediglich eine Wiederholung der höherrangigen Regelung des HSchG, erweitert diese aber durch den Zustimmungsvorbehalt der Schulleiterin oder des Schulleiters, der auch in § 16 Abs. 5 DO enthalten ist.

Satz 2 entspricht den allgemeinen Regeln des Beamtenrechts, wonach ein Beamter berechtigt ist, Bedenken gegen die Rechtmäßigkeit einer Weisung seines unmittelbaren Vorgesetzten dem nächsthöheren Vorgesetzten gemäß § 36 Abs. 2 BeamtStG im Wege der Remonstration oder gemäß § 104 Abs. 2 HBG im Wege der Beschwerde zur Entscheidung vorzulegen.

Die Vorschrift enthält daher mit Ausnahme des Zustimmungsvorbehalts der Schulleiterin oder des Schulleiters keine eigenständige Regelung, sondern stellt lediglich eine Wiedergabe höherrangigen Rechts dar, die dem Interesse an einer möglichst umfassenden Darstellung der Rechte und Pflichten der Lehrkräfte in einem Regelungswerk zum Zweck der besseren Übersichtlichkeit geschuldet ist.

§ 6 Abs. 1 [Pflicht zur Förderung und Information]

Lehrkräfte sollen die Entwicklung der Schülerinnen und Schüler fördern. Sie sind verpflichtet, sich über die individuellen Lernbedingungen der Schülerinnen und Schüler zu informieren, Lernvoraussetzungen der Klasse oder Kursgruppe zu beachten und eine gerechte und umfassende Beurteilung der Schülerinnen und Schüler vorzunehmen. Unbeschadet der Pflicht zur Verschwiegenheit über Beratungen im Rahmen von Konferenzen haben die Lehrkräfte die von ihnen erteilten Zeugnisse den Eltern von minderjährigen Schülerinnen und Schülern sowie den Schülerinnen und Schülern auf deren Wunsch näher zu erläutern; sie sollen zur Festsetzung der Zeugnisnoten die Schülerinnen und Schüler über die vorgesehenen Noten unterrichten und diese im Gespräch mit ihnen begründen.

Erläuterungen:

Satz 1 stellt eine Konkretisierung des allgemeinen Förderungsgedanken des § 3 Abs. 6 HSchG dar. Inhaltlich wird damit eine Hauptpflicht der Tätigkeit jeder Lehrkraft benannt, jeden einzelnen Schüler seinen individuellen Fähigkeiten entsprechend zu fördern, unabhängig davon, welche Schule er im Einzelfall besucht.

Satz 2 beschreibt die in Satz genannte allgemeine Pflicht zur Förderung näher, indem die Notwendigkeit zur Information über die Lernbedingungen der Schüler, d. h. sowohl über ihre individuelle Lernsituation in der Schule und im häuslichen Umfeld, über die Lernvoraussetzungen in der jeweiligen Unterrichtsgruppe, d. h. über die Zusammensetzung der Lerngruppe nach individuellen Persönlichkeitsmerkmalen wie z. B. ein Migrationshintergrund.

Daneben wird als pädagogische Grundbedingung die Verpflichtung angesprochen, gerechte und umfassende Beurteilungen aller Schüler vorzunehmen. Dies stellt nicht nur eine allgemein geltende pädagogische Handlungspflicht jeder Lehrkraft dar, sondern entspricht dem nach Art. 3 GG auch für den Schulbereich geltenden Gleichbehandlungsgrundsatz (vgl. dazu § 93 Abs. 3 HSchG).

Satz 3 spiegelt die sich aus Art. 6 Abs. 2 und 7 Abs. 1 GG grundgelegte und in § 72 HSchG i. V. m. §§ 23 Abs. 7 und 30 Abs. 2 VOGestSchV konkretisierte Informationspflicht der Lehrkräfte gegenüber den Schülern und ihren Eltern speziell für den Bereich der im einzelnen Zeugnis enthaltenen Bewertungen wider. Nach § 72 Abs. 3 HSchG sind die Lehrkräfte verpflichtet, die Schüler und deren Eltern über die Leistungsbewertung zu informieren. Diese Verpflichtung schließt ausdrücklich die weitergehende Verpflichtung ein, erteilte Bewertungen auf Wunsch zu begründen, auch wenn die sich aus § 39 HVwVfG ergebende Begründungspflicht mangels Verwaltungsaktqualität der einzelnen im Zeugnis enthaltenen Bewertung hier nicht anwendbar ist. Dabei ist jedoch die sich aus § 37 BeamtStG i. V. m. § 29 KO ergebende Pflicht zur Verschwiegenheit insoweit zu beachten, dass nur die auf den einzelnen Schüler bezogenen Ergebnisse einer Konferenz mitgeteilt werden dürfen, nicht aber weitergehende Inhalte wie Äußerungen einzelner Lehrkräfte.

Diese auf Wunsch des Schülers oder seiner Eltern bestehende Begründungspflicht ist ebenso selbstverständlicher Bestandteil des schulischen Erziehungsauftrages wie die vorher dargestellte Pflicht zur Unterrichtung über die Festsetzung und Begründung der erteilten und der jeweiligen Zeugnisnote zugrunde liegenden Bewertungen.

Diese Begründungspflicht ist unverzichtbar, als jede Lehrkraft immer dann, wenn eine Bewertung – z. B. im Rahmen eines Widerspruchsverfahrens gegen eine Nichtversetzung – förmlich angefochten wird, verpflichtet ist, die von ihr erteilte Bewertung schriftlich nachvollziehbar zu begründen.

Daher kann von jeder Lehrkraft – unabhängig vom Vorliegen einer konkreten Anfechtung einer einzelnen Bewertung – erwartet werden, dass sie in der Lage ist, die von ihr erteilten Bewertungen auf Wunsch nachvollziehbar zu begründen.

§ 6 Abs. 2 [Schulordnung und Aufsicht]

Lehrkräfte sind für die Beachtung der Schulordnung mitverantwortlich. Sie sind zur Aufsicht verpflichtet. Über wichtige Vorkommnisse, insbesondere unregelmäßigen Schulbesuch, berichten sie der Klassenlehrerin oder dem Klassenlehrer, der Tutorin oder dem Tutor, erforderlichenfalls auch der Schulleiterin oder dem Schulleiter.

Erläuterungen:

Satz 1 knüpft an an die nach § 88 Abs. 3 Satz 2 Nr. 3 HSchG dem Schulleiter obliegende Verantwortung für die Aufrechterhaltung der Ordnung in der Schule. Um dieser Verantwortung gerecht werden zu können, bedarf der Schulleiter der Unterstützung aller Lehrkräfte an der von ihm geleiteten Schule. Insoweit ist die in Satz 1 beschriebene Mitverantwortung der Lehrkräfte eine Folge ihrer Einbindung in die Schule und ihrer sich aus § 88 Abs. 4 Satz 1 HSchG i. V. m. § 4 Abs. 2 Satz 2 HBG ergebenden Verpflichtung, den Weisungen ihres Schulleiters zu folgen, der ihnen gegenüber unbeschadet der Zuständigkeitszuweisungen in § 16 DO als Vorgesetzter weisungsberechtigt ist.

Diese Grundsätze gelten in entsprechender Weise für die in **Satz 2** genannte Verpflichtung zur Wahrnehmung der Aufsicht, die sich dem Grunde nach aus dem Bildungs- und Erziehungsauftrag der Schule und der darin enthaltenen Pflicht zur Fürsorge gegenüber den der

Schule anvertrauten Schülern ergibt. Ausgestaltung und Umfang der im Einzelfall notwendigen Aufsichtspflicht ergeben sich aus den Regelungen der AufsichtsVO in der Fassung vom 11.12.2013 (ABl. 2014 S. 2) in Verbindung mit den diese ergänzenden Anlagen sowie für den Bereich von Schulwanderungen und ähnlichen außerhalb der Schule stattfindenden Schulveranstaltungen aus den Regelungen des Erlasses über Schulwanderungen (i.d.F.v. 7.12.2009, ABl. 2010 S. 24).

Satz 3 stellt eine allgemeine Unterrichtspflicht für jede Lehrkraft auf, nach der sie Auffälligkeiten, die sie bei einzelnen Schülern beobachtet, je nach Schulform dem Klassenlehrer oder Tutor oder in schwer wiegenden Fällen auch dem Schulleiter unmittelbar mitzuteilen hat. Der in diesem Zusammenhang gesondert genannte unregelmäßige Schulbesuch stellt lediglich ein – wenn auch bedeutsames – Beispiel möglicher Berichtsanlässe dar, bei dem bei noch der Schulpflicht nach §§ 56 ff HSchG unterliegenden Schülern deren Einhaltung zu überwachen ist und Verletzungen gegebenenfalls nach § 181 HSchG zu sanktionieren sind. Demgegenüber kommt bei nicht mehr schulpflichtigen Schülern, die zwar nach § 69 Abs. 4 Satz 1 HSchG ebenfalls zum regelmäßigen Schulbesuch verpflichtet sind, keine Sanktionierung nach § 181 HSchG, sondern allenfalls eine Beendigung des Schulverhältnisses nach § 82 Abs. 8 HSchG in Betracht. Weitere Berichtsanlässe können sich z. B. aus Unfällen oder nach § 82 Abs. 2 ff HSchG sanktionswürdigem Fehlverhalten einzelnen Schüler ergeben.

Die Regelung ist ebenfalls Ausdruck des Bildungs- und Erziehungsauftrags der Schule, der nur dann mit Aussicht auf Erfolg ausgeübt werden kann, wenn alle Lehrkräfte der Schule einschließlich der Schulleitung gemeinsam nach den gleichen Maßstäben und Grundsätzen Auffälligkeiten wahrnehmen und unter Beachtung der rechtsstaatlichen Grundsätze der Geeignetheit, Erforderlichkeit und Verhältnismäßigkeit darauf reagieren. Diese Aufgabe haben sie jeweils einzeln und gemeinsam und in Unterstützung ihres Schulleiters entsprechend ihrer sich aus § 35 Satz 1 BeamtStG und § 3 Abs. 1 Satz 1 TV-H ergebenden Beratungs- und Unterstützungspflicht wahrzunehmen.

§ 6 Abs. 3 [Gesundheitszustand der Schüler/-innen]

Lehrkräfte sollen im Rahmen ihrer Möglichkeiten den Gesundheitszustand der Schülerinnen und Schüler beobachten und in Zusammenarbeit mit den Eltern, der Schulärztin oder dem Schularzt oder anderer fachlich ausgewiesener Beratungsstellen auf die Beseitigung gesundheitlicher Auffälligkeiten, Gefährdungen und Störungen sowohl physischer als auch psychischer Art hinwirken. Hierzu gehört auch die Einleitung schulischer Maßnahmen zur Gesundheitsförderung und zur Suchtprävention.

Erläuterungen:

Satz 1 beschreibt eine spezielle Facette des Bildungs- und Erziehungsauftrags der Lehrkräfte, indem sie nicht nur für die schulische Leistung der Schüler (vgl. o. Abs. 1) und die Verhütung von Unfällen (vgl. o. Abs. 2) Mitverantwortung tragen, sondern darüber hinaus im Rahmen der ihnen obliegenden Fürsorgepflicht gegenüber den ihnen anvertrauten Schülern auf die Beseitigung bekannter gesundheitlicher Auffälligkeiten in Zusammenarbeit mit Eltern und hierfür fachlich kompetenten Stellen- namentlich den Schulärzten – hinwirken sollen.

Diese Pflicht schließt nach **Satz 2** ausdrücklich alle Maßnahmen zur Gesundheitsförderung und Suchtprävention ein. Hieraus wird zunächst deutlich, dass die Verpflichtung zur Ergreifung von Maßnahmen zur Gesundheitsförderung und Suchtprävention nicht auf die Beratungslehrer beschränkt ist, sondern alle Lehrkräfte betrifft. Hieraus folgt aber ebenso deutlich lediglich eine Verpflichtung zur Beobachtung einer Gefährdung und zum Hinwirken auf deren Beseitigung, nicht aber zur Vornahme eigener gesundheitsfördernder oder suchttherapeutischer Maßnahmen. Denn damit wären Lehrkräfte regelmäßig mangels entsprechender Ausbildung überfordert. Sie sind allerdings bei erkannten Auffälligkeiten und Gefährdungen verpflichtet, Kontakte zu den Einrichtungen herzustellen oder zu vermitteln, die aufgrund ihrer Ausbildung und Ausstattung zu kompetenter Hilfe in der Lage sind.

§ 6 Abs. 5 [Sprechstunden]

Daneben haben alle Lehrkräfte die Verpflichtung, den Schulleiter bei der Erfüllung seiner Zuständigkeit für Arbeits- und Gesundheitsschutz in der Schule nach § 20 Abs. 5 DO im Rahmen ihrer Beratungs- und Unterstützungspflicht nach § 35 Satz 1 BeamtStG zu unterstützen.

§ 6 Abs. 4 [Unfälle]

Lehrkräfte erbringen bei Unfällen die ihnen möglichen Hilfeleistungen und benachrichtigen unverzüglich die Schulleiterin oder den Schulleiter.

Erläuterungen:

Diese Vorschrift korrespondiert mit § 23 Abs. 2 DO und konkretisiert für Unfälle von Schülern die aus dem Bildungs- und Erziehungsauftrag resultierende Fürsorgepflicht gegenüber den der Schule anvertrauten Schüler, indem sie jeder Lehrkraft entsprechend den Regeln der ihr nach §§ 223/13 Abs. 1 StGB obliegenden Garantenstellung aufgibt, alles ihr Zumutbare zu unternehmen, um im Fall einer unfallbedingten Verletzung eines Schülers keine Verschlimmerung der bereits eingetretenen Situation erfolgen zu lassen. Andernfalls würde sie – nicht wie ein unbeteiligter Passant nach § 323 c StGB wegen unterlassener Hilfeleistung – wegen der ihr als Lehrkraft obliegenden gesetzlichen Fürsorgepflicht wegen Körperverletzung durch Unterlassen strafrechtlich zur Verantwortung gezogen werden können.

Eine solche Rechtspflicht zur Erfolgsabwendung (sogenannte Garantenstellung) ergibt sich für den Lehrer aus folgender Rechtsposition:

Durch die Übernahme des Amtes übernimmt jede Lehrkraft als Dienstverpflichtung bestimmte Aufsichts- und Schutzpflichten gegenüber den ihm anvertrauten Schülern. Danach ist sie als Schutzperson verpflichtet, für die Unversehrtheit dieser Schüler Sorge zu tragen.

Diese Schutz- und Fürsorgepflichten sind durch die oberste Schulaufsichtsbehörde in den allgemeinen und besonderen Regelungen über die Aufsicht (VO über die Aufsicht über Schüler in der Fassung vom 11.12.2013, ABl. 2014 S. 2 ff) noch näher konkretisiert worden.

Im einzelnen ist Voraussetzung für die Strafbarkeit einer Körperverletzungs- oder Tötungshandlung durch Unterlassen, dass eine Gefahrensituation besteht, die durch das Eingreifen des Täters abgewendet werden kann, die jeweilige Erfolgsabwendungshandlung dem Täter möglich ist, der Täter handlungspflichtig ist, d. h. eine sogenannte Garantenstellung besitzt und der Täter die entsprechende Rettungshandlung nicht vorgenommen hat.

Die Grenzen der Handlungspflicht des Täters ergeben sich aus der individuellen Zumutbarkeit und objektiven Erforderlichkeit.

Die in diesen Fällen verlangte unverzügliche Benachrichtigung des Schulleiters hat ihre Begründung in dessen in § 88 HSchG verankerter Gesamtverantwortung für die von ihm geleitete Schule, zu deren Wahrnehmung er umfassende und umgehende Informationen über alle wesentlichen Ereignisse an der Schule, vor allem aber über Unfälle von Schülern wegen den damit möglicherweise verbundenen rechtlichen Folgen benötigt.

§ 6 Abs. 5 [Sprechstunden]

Lehrkräfte halten an der Schule Sprechstunden ab, die in geeigneter Form bekanntzugeben sind.

Erläuterungen:

Diese Regelung stellt eine Konkretisierung der in § 72 HSchG enthaltenen und durch die §§ 10, 23, 30 Abs. 2, 38 Abs. 2, 47 Abs. 3, 49 Abs. 4 und 73 VOGestSchV anhand verschiedener Anlässe näher beschriebenen Verpflichtung aller Lehrkräfte dar, die Schüler und bei deren Minderjährigkeit auch deren Eltern umfassend über alle wesentlichen Ereignisse in der Schule bezogen auf ihre Kinder zu informieren.

Die Durchführung von Sprechstunden und deren Bekanntmachung durch Aushang und/ oder Mitteilung auf Elternabenden ist ein wesentliches Instrument zur Sicherstellung der generellen Informationspflicht der Lehrkräfte, die mit einem entsprechenden Informationsanspruch der Eltern und Schüler korrespondiert. Daneben wird diesem Informationsanspruch auch genügt durch schriftliche Informationen z. B. im Zusammenhang mit pädagogischen Maßnahmen nach § 82 Abs. 1 HSchG oder drohenden Nichtversetzungen nach § 23 Abs. 2 VOGestSchV oder der Teilnahmen an Elternsprechtagen nach § 9 Abs. 5 DO.

Diese Regelung zählt zu den traditionellen Nebenpflichten jeder Lehrkraft, die bis zur Novellierung der DO 1998 nicht ausdrücklich geregelt war, aber zur Klarstellung in die DO aufgenommen worden ist.

§ 7 Abs. 1 [Vermeidung von Abhängigkeiten]

Lehrkräfte sind nicht befugt, Schülerinnen und Schüler zu persönlichen oder schulfremden Dienstleistungen heranzuziehen.

Erläuterungen:

Die gesamte Vorschrift dient der Sicherstellung der Unabhängigkeit und Objektivität der Lehrkräfte, indem sie bestimmte Tätigkeiten, die Zweifel an ihrer Objektivität und Unvoreingenommenheit begründen könnten, untersagt. Die in diesem Zusammenhang bestehenden Dienstpflichten leiten sich unmittelbar aus § 33 Abs. 1 Satz 2 BeamtStG ab. Darunter ist vorrangig die Unabhängigkeit des Beamten von Parteien und Interessen Dritter zu verstehen, m.a.W. der handelnde Beamte hat sich nur von Sach- und nicht von Personeninteressen leiten zu lassen.

Absatz 1 beschreibt eine pädagogische Selbstverständlichkeit, sie ist Ausdruck des Ziels, jede Form des Entstehens oder des Missbrauchs von Abhängigkeiten der Schülerinnen und Schüler von ihren Lehrkräften zu vermeiden.

§ 7 Abs. 2 [Verbot entgeltlicher Nachhilfe]

Lehrkräfte dürfen Schülerinnen und Schülern, die sie unterrichten, keinen entgeltlichen Nachhilfeunterricht erteilen.

Erläuterungen:

Die Zielrichtung des Absatz 2 ist der des Absatz 1 vergleichbar, durch diese Regelung soll jeder Anschein einer Bevorzugung oder Benachteiligung von einzelnen Schülerinnen und Schülern vermieden werden, indem auf die Grundsätze der Objektivität und Unparteilichkeit des § 33 Abs. 1 Satz 2 BeamtStG Bezug genommen wird.

Diese Verpflichtung gilt im Übrigen unabhängig von der Organisation der Nachhilfe. Sie besteht sowohl bei einer von der Lehrkraft individuell oder im Rahmen eines professionellen Instituts erteilten Nachhilfe.

§ 7 Abs. 3 [Belohnungen und Geschenke]

Lehrkräfte dürfen keine Belohnungen, Geschenke oder sonstigen Vorteile für sich oder eine dritte Person in Bezug auf ihr Amt fordern, sich versprechen lassen oder annehmen. Ausnahmen bedürfen der Zustimmung der zuständigen Behörde (§ 84 Abs. 1 des Hessischen Beamtengesetzes – HBG – i. V. m. § 42 Abs. 1 des Beamtenstatusgesetzes). Ferner sind die vom Hessischen Ministerium des Innern und für Sport erlassenen Verwaltungsvorschriften zur Korruptionsbekämpfung in der Landesverwaltung in der jeweils geltenden Fassung zu beachten.

Erläuterungen:

Absatz 3 stellt eine Bezugnahme auf die Regelungen der § 42 BeamtStG und des § 3 Abs. 3 TV-H her, ohne damit eigenständiges Recht zu schaffen. Danach darf eine Lehrkraft Belohnungen oder Geschenke in Bezug auf ihr Amt nur mit Zustimmung ihres Vorgesetzten annehmen. (Vgl. hierzu auch die Verwaltungsvorschriften für Beschäftigte des Landes Hessen über die Annahme von Belohnungen und Geschenken vom 17. 10. 2006 [StAnz. S. 2490]). Sinn dieser Vorschrift ist die Sicherung der Integrität der Verwaltung und ihrer Mitarbeiter sowie die objektive und von persönlichen Zuwendungen unabhängige Dienstleistung.

Auch wenn im Schulbereich bisher keine besonders schwerwiegenden Fälle bekannt geworden sind, sind zumindest geringere Präsente durchaus nicht unüblich. Hier steht die einzelne Lehrkraft in dem Interessenwiderstreit der aus dem Unparteilichkeitsgebot abgeleiteten Pflicht, keine Geschenke anzunehmen, und dem Höflichkeitsgebot, dankbare Schüler oder Eltern nicht zu verprellen.

Bei allen wertvolleren im Zusammenhang mit dienstlichen Tätigkeiten überreichten Geschenken sollte die Lehrkraft versuchen, den Geber von seinem Vorbringen abzuhalten, zumal hier auch bei rechtmäßigen Amtshandlungen leicht die Strafbarkeitsgrenze des § 332 StGB für den Beamten (= Vorteilsannahme) und für den Bürger gemäß § 330 StGB (= Vorteilsgewährung) erreicht werden kann. Dabei wird bei der Prüfung der Strafbarkeit regelmäßig von rechtmäßigen Amtshandlungen ausgegangen, die nach den §§ 332/330 StGB mit Strafe bedroht sind; bei den im Schulbereich allerdings sehr seltenen rechtswidrigen Amtshandlungen kommt Bestechung auf Seiten des Gebers i. S. v. § 331 StGB und Bestechlichkeit auf Seiten der Lehrkraft i. S. v. § 333 StGB in Betracht

Für sogenannte ideelle Geschenke greift die Ausnahmeregelung der Ziffer 4.1 der Verwaltungsvorschriften. Bei Geschenken geringen Werts, die im Grundschulbereich gegenüber Klassenlehrerinnen oder Klassenlehrern fast schon zur Gewohnheit geworden sind, kann nach dieser Vorschrift von einer allgemeinen Zustimmung zur Annahme jedenfalls dann ausgegangen werden, wenn es sich um Geschenke mit eher ideellem Wert – z. B. selbst angefertigte Erinnerungsstücke o. ä. – handelt.

In allen anderen Fällen besteht nach Ziffer 5 der Verwaltungsvorschriften die Verpflichtung der Lehrkraft, Geschenke nur mit Zustimmung der oder des Vorgesetzten anzunehmen und die zusätzliche Verpflichtung, bereits bei jedem Angebot von Geschenken im Zusammenhang mit ihrer dienstlichen Tätigkeit unverzüglich und ohne gesonderte Aufforderung ihren Vorgesetzten zu informieren. Damit soll vermieden werden, dass die vorstehend beschriebenen Irritationen überhaupt entstehen können.

Die Zuständigkeit zur Erteilung der Zustimmung zur Annahme von Belohnungen und Geschenken bis 75,– € ist für Beamte nach § 42 Abs. 1 BeamtStG durch § 2 Abs. 2 der VO über die Zuständigkeiten in beamtenrechtlichen Personalangelegenheiten im Geschäftsbereich des Hessischen Kultusministeriums vom (GVBl. I S. 738) und für Tarifbeschäftigten nach § 3 Abs. 3 TV-H durch § 2 Abs. 3 Nr. 1 der Anordnung über Zuständigkeiten für Tarifbeschäftigten im Geschäftsbereich des Hessischen Kultusministeriums vom 22. 6. 2011 (StAnz. S. 939) auf die Schulleiter übertragen worden. Abschließend ist darauf hinzuweisen, dass durch das zweite Dienstrechtsreformgesetz, das in Hessen zum 1.3.2014 in Kraft getreten ist, auf die Regelung des § 84 HBG nicht mehr zurückgegriffen werden kann, die Dienstordnung bedarf daher insoweit der Anpassung (HBG v. 27.5.2013, GVBl. S. 218).

§ 8 Abs. 1 [Aufgabenverteilung und Einsatzwünsche]

Lehrkräfte haben keinen Anspruch darauf, dass ihnen Unterricht, freiwillige Unterrichtsveranstaltungen und betreuende Maßnahmen zu bestimmten Zeiten, in bestimmten Klassen, Schuljahrgängen, Kursen, Lerngruppen, Schulstufen oder Schulformen oder die Fortführung einer bestimmten Klasse übertragen werden; ihnen ist Gelegenheit zu geben, Einsatzwünsche zu äußern; ist die Verwendung mit besoldungsrechtlichen Konsequenzen verbunden, so entscheidet die Schulaufsichtsbehörde.

Erläuterungen:

Diese Regelung stellt die Folgen der Organisationskompetenz des Schulleiters nach § 88 Abs. 2 Satz 2 Nr. 2 HSchG i. V. m. der Grundsatzkompetenz der Gesamtkonferenz nach § 133 Abs. 1 Satz 2 Nr. 14 HSchG für die einzelne Lehrkraft dar. Danach ist die Gesamtkonferenz der einzelnen Schule unter anderem berechtigt, Grundsätze für die Verteilung des Unterrichts auf die Lehrkräfte der Schule aufzustellen, auf deren Basis der Schulleiter die konkrete Stundenplangestaltung vornimmt. Weitergehende Rechte besitzt die einzelne Lehrkraft ausdrücklich nicht, sodass jede konkrete Festlegung, die es dem Schulleiter unmöglich machen würde, Abweichungen von den von der Gesamtkonferenz beschlossenen Grundsätzen im Einzelfall vorzunehmen, rechtswidrig wäre und den Schulleiter verpflichten würde, derartige Beschlüsse nach § 87 Abs. 4 HSchG zu beanstanden.

Bereits aus dieser Aufgabenverteilung wird deutlich, dass die einzelne Lehrkraft keinen Anspruch auf Zuweisung bestimmter Klassen oder Lerngruppen in bestimmten Fächern oder zu bestimmten Zeiten geltend machen kann. Der Schulleiter ist jedoch – ggf. im Rahmen einer informellen Zusammenarbeit mit dem Schulpersonalrat, der insoweit nach ständiger Rechtsprechung der Verwaltungsgerichte kein förmliches Beteiligungsrecht besitzt (vgl. grundlegend BVerwG ZBR 1983, 132 ff) – nicht zuletzt aus Gründen der Aufrechterhaltung des Betriebsfriedens an der Schule gut beraten, die Lehrkräfte vor der Aufstellung des Stundenplans nach ihren Einsatzwünschen zu befragen und diese, soweit möglich, zu berücksichtigen und vor allem seine Festlegungen für alle Mitglieder des Kollegiums nachvollziehbar offen zu legen.

Der Hinweis im zweiten Halbsatz bezüglich der Beteiligung der Schulaufsichtsbehörde bei besoldungsrelevanten Einsatzplanungen wird insbesondere in verbundenen Schulsystemen relevant, in denen Lehrkräfte mit verschiedenen Lehrämtern in unterschiedlichen Schulformen oder -stufen zum Einsatz kommen. Hier kann in Einzelfällen ein im Regelfall nicht vorgesehener Einsatz in einer höheren Schulform über eine Dauer von mehr als sechs Monaten nach § 48 Abs. 1 HBesG zu Ansprüchen auf höhere Besoldung einer nicht ihrem Lehramt entsprechend eingesetzten Lehrkraft im Beamtenverhältnis führen. Umgekehrt würde ein längerfristiger Einsatz in einer niedrigeren Schulstufe oder -form ohne Einverständnis mit der Lehrkraft einen Anspruch dieser Lehrkraft auf amtsangemessene Beschäftigung, d. h. Einsatz in der Schulform oder -stufe, die ihrer Besoldung entspricht, auslösen. Besoldungsrechtliche Konsequenzen hätte ein derartiger Unterrichtseinsatz jedoch nicht.

§ 8 Abs. 2 [Mitwirkung bei Veranstaltungen]

Zu den Aufgaben der Lehrkräfte gehört auch die Mitwirkung bei Veranstaltungen der Klasse oder Lerngruppe, insbesondere die Vorbereitung und Durchführung von Wandertagen, Wander- und Studienfahrten, Betriebsbesichtigungen, Exkursionen und Betriebspraktika. Eine Mitwirkungspflicht besteht ferner bei Veranstaltungen der Schule, insbesondere bei Projekttagen, Projektwochen, die zusätzlich zu den Unterrichtsvorhaben nach § 133 Abs. 1 Nr. 9 des Schulgesetzes durchgeführt werden, Schulsportwettbewerben und schulkulturellen Veranstaltungen. Dies gilt auch für die von der Schulkonferenz beschlossenen besonderen Schulveranstaltungen, insbesondere die Vorbereitung und Durchführung von Schulfesten. Bei Veranstaltungen der Schülervertretung besteht keine Mitwirkungspflicht.

Erläuterungen:

Diese Vorschrift beschreibt neben § 6 DO weitere dienstliche Nebenpflichten, die eine Lehrkraft neben ihrer Hauptpflicht zur Erteilung von Unterricht zu übernehmen hat. Wie aus der Verwendung des Begriffs „insbesondere“ in drei Sätzen des § 8 Abs. 2 DO deutlich wird, sind die in dieser Vorschrift enthaltenen Aufzählungen von zusätzlichen innerschulischen Verpflichtungen der Lehrkräfte nicht abschließender, sondern nur beispielhafter Natur. Dabei sind die in der Vorschrift aufgeführten Beispiele typisch für die von den Lehrkräften neben der Erteilung von Unterricht ergänzend wahrzunehmenden Pflichten, diese können um weitere vergleichbare Verpflichtungen ergänzt werden.

Auch diese Regelung ist im Zuge der Novellierung der DO im Jahre 1998 aus Gründen der Klarstellung in die DO aufgenommen worden.

Im Gegensatz zu den Sätzen 1 bis 3 beschreibt Satz 4 eine sich aus der Rechtsnatur der Veranstaltungen der Schülervertretungen ergebende Ausnahme von den in den Sätzen 1 bis 3 beschriebenen zusätzlichen Dienstpflichten der Lehrkräfte. Denn während sich die den in den Sätzen 1 bis 3 beschriebenen Verpflichtungen sämtlich aus dem Zusammenhang mit der Durchführung von Schulveranstaltungen ergeben, bestehen im Zusammenhang mit eigenverantwortlich durchgeführten Veranstaltungen der Schülervertretung nach § 121 Abs. 2 HSchG i. V. m. § 26 Abs. 5 Satz 1 SVVO nur dann eine Aufsichts- und Teilnahmepflicht der Lehrkräfte, sofern diese Veranstaltungen auf dem Schulgelände stattfinden, da es sich nur insoweit um Veranstaltungen der Schule selbst handelt. Dementsprechend sind andere, außerhalb des Schulgeländes stattfindende Veranstaltungen der Schülervertretung keine Schulveranstaltungen, so dass insoweit keine Aufsichtspflicht der Schule und deren Lehrkräften besteht.

Darüber hinaus sieht § 26 Abs. 5 Satz 1 SVVO ausdrücklich vor, dass anstelle von Lehrkräften auch Schüler, die älter als 16 Jahre sind, mit Zustimmung ihrer Eltern mit der Aufsichtsführung betraut werden können, so dass auch insoweit auf die Aufsichtsführung durch Lehrkräfte verzichtet werden kann.

§ 8 Abs. 3 [Übernahme von Vertretungsstunden]

Lehrkräfte sind auf Anordnung der Schulleiterin oder des Schulleiters verpflichtet, über die jeweils festgesetzte Pflichtstundenzahl hinaus Vertretungsstunden zu übernehmen; die Schulleiterin oder der Schulleiter muss bei der Zuweisung von Vertretungsstunden die von der Gesamtkonferenz aufgestellten Richtlinien beachten. Bei der Zuweisung von Vertretungsstunden sollen die besonderen dienstlichen und persönlichen Verhältnisse der Lehrkräfte berücksichtigt werden, sofern dies aus unterrichtsorganisatorischen Gründen vertretbar ist; Nebentätigkeiten gegen Vergütung bleiben dabei unberücksichtigt.

Erläuterungen:

Diese Vorschrift beinhaltet eine Konkretisierung der allgemeinen beamtenrechtlichen Regelung über Mehrarbeit in § 61 HBG für den Schulbereich.

Nach § 61 Satz 1 HBG ist jeder Beamte verpflichtet, ohne Vergütung im Umfang von 5 Wochenstunden pro Monat Mehrarbeit zu leisten, wenn dies aus zwingenden dienstlichen Gründen erforderlich ist. Für vollzeitbeschäftigte Lehrkräfte ist diese Verpflichtung entsprechend ihrer nur durch die zu erteilenden Unterrichtsstunden festgelegten Arbeitszeit auf 3 Unterrichtsstunden pro Monat umzurechnen. Für Lehrkräfte in Teilzeit ist diese Verpflichtung entsprechend ihrer Unterrichtsverpflichtung anteilig zu reduzieren. Sofern die im Monat erbrachte Mehrarbeit über diese Grenze hinausgeht, ist die gesamte dienstlich angeordnete Mehrarbeit dem Beamten innerhalb eines Jahres durch Gewährung von Dienstbefreiung auszugleichen. Nur für den Fall, dass diese Dienstbefreiung aus zwingenden dienstlichen Gründen nicht möglich sein sollte, ist dem Beamten eine Mehrarbeitsvergütung zu gewähren.

Für teilzeitbeschäftigte Lehrkräfte im Beamtenverhältnis gilt dabei grundsätzlich dieselbe Verfahrensweise wie bei vollzeitbeschäftigten Lehrkräften. Lediglich für den Fall, dass einer teilzeitbeschäftigte Lehrkraft im Beamtenverhältnis der Freizeitausgleich innerhalb eines Jahres aus zwingenden dienstlichen Gründen nicht gewährt werden kann, hat diese nach der entsprechenden Rechtsprechung des BVerwG (vom 23. 9. 2010, Az.: 2 C 28.09) einen Anspruch auf anteilige Besoldung bis zum Erreichen des regelmäßigen Pflichtstundenmaßes einer vergleichbaren Vollzeitlehrkraft, darüber hinaus besteht wie bei Vollzeitkräften nur ein

Anspruch auf Mehrarbeitsvergütung. Ohne eine solche Regelung würden in Teilzeit beschäftigte Lehrkräfte, die Mehrarbeit leisten, gegenüber den vollzeitbeschäftigten Lehrkräften benachteiligt.

Für Lehrkräfte im Tarifbeschäftigungsverhältnis gilt demgegenüber, dass ihnen für jede Stunde, die sie bis zur Grenze einer vollzeitbeschäftigten Lehrkraft Mehrarbeit geleistet haben, ein Anspruch auf anteilige Vergütung zusteht. Die Möglichkeit, dafür Freizeitausgleich zu gewähren, besteht nach der Rechtsprechung des BAG (vgl. BAG ES 98, 368) ausdrücklich nicht.

Diese unterschiedliche Behandlung von Lehrkräften im Beamten- oder im Tarifbeschäftigungsverhältnis kommt in der Praxis bei der Übernahme von Vertretungsunterricht nicht zum Tragen, sie ist jedoch bei der Durchführung von ein- oder mehrtägigen Klassen- oder Kursfahrten von Bedeutung, da die Teilnahme an einer Klassenfahrt sich immer wie eine Vollbeschäftigung für die Dauer der Fahrt auswirkt. Dementsprechend sind Teilzeitkräfte, die an einer Klassenfahrt teilnehmen, für deren Dauer anteilig wie Vollzeitlehrkräfte zu besolden oder zu vergüten, wobei der bei Beamten auch in diesen Fällen mögliche Freizeitausgleich bei Tarifbeschäftigten ausgeschlossen ist.

Die Regelung in Satz 1, 2. Halbsatz greift die Zuständigkeitsverteilung zwischen Gesamtkonferenz und Schulleiter bei der Organisation von Vertretungsunterricht nach dem HSchG auf. Danach obliegt der Gesamtkonferenz nach § 133 Abs. 1 Satz 2 Nr. 13 HSchG die Zuständigkeit zur Aufstellung von Grundsätzen für die Organisation des Vertretungsunterrichts, demgegenüber ist der Schulleiter nach § 88 Abs. 2 Satz 2 Nr. 2 HSchG für die konkrete Organisation des Vertretungsunterrichts nach den Grundsätzen der Gesamtkonferenz verantwortlich. Diese differenzierte Zuständigkeitsverteilung erlaubt der Gesamtkonferenz nur die Aufstellung allgemeiner Regeln, auf deren Grundlage dem Schulleiter zur Umsetzung im Einzelfall Spielräume erhalten bleiben müssen, die er in eigener Verantwortung nutzen kann. Weitergehende Vorgaben durch die Gesamtkonferenz, die dem Schulleiter keine einzelfallbezogenen Handlungs- und Entscheidungsräume ließen, wären rechtswidrig und müssten im Verfahren nach § 87 Abs. 4 HSchG nach Beanstandung durch den Schulleiter im Bestätigungsfall vom Staatlichen Schulamt aufgehoben werden.

Die Regelung in Satz 2 ist Ausfluss des dem Schulleiter gegenüber den Lehrkräften der von ihm geleiteten Schule obliegenden Fürsorgepflicht, die es zwingend gebietet, im Rahmen der unterrichtsorganisatorischen Erfordernisse auf die dienstlichen und persönlichen Verhältnisse der Lehrkräfte Rücksicht zu nehmen. Hierzu gehören aus dem Bereich der dienstlichen Verhältnisse z. B. Teilzeitbeschäftigungen oder die Übernahme besonderer Aufgaben und aus dem privaten Bereich Betreuungspflichten oder eine attestierte Schwerbehinderung.

Die nach Satz 2, 2. Halbsatz nicht zu berücksichtigenden Belastungen durch vergütete Nebentätigkeiten einzelner Lehrkräfte sind Ausdruck der Tatsache, dass insoweit keine dienstliche Verursachung besteht, sondern die ggf. bestehende Belastung von der Lehrkraft selbst zu vertreten ist.

§ 8 Abs. 4 [Mehrarbeitsvergütung]

Für die Zuweisung von Vertretungsstunden gelten die Bestimmungen des § 85 Abs. 2 HBG und der Verordnung über die Gewährung von Mehrarbeitsvergütung für Beamte in der Fassung vom 3. Dezember 1998 (BGBl. I S. 3495) in der am 31. August 2006 geltenden Fassung.

Erläuterungen:

Diese Regelung hat lediglich deklaratorische Bedeutung, indem sie auf die für die Zulässigkeit von Mehrarbeit und deren Vergütung geltenden Bestimmungen verweist. Die Höhe der Vergütung ergibt sich aus § 4 der Verordnung über die Gewährung von Mehrarbeit für Beamte in der genannten Fassung i. V. m. Anlage 6 zum Gesetz über die Anpassung der

Besoldung und Versorgung in Hessen 2011/2012 sowie zur Änderung des Hessischen Sonderzahlungsgesetzes vom 6. 10. 2011 (GVBl. I S. 530). Nach der Novellierung des HBG durch das zweite Dienstrechtsreformgesetz zum 1.3.2014 ist die Dienstordung an dieser Stelle anzupassen, es gilt nunmehr § 61 HBG.

§ 9 Abs. 1 [Amt des/der Klassenlehrers/in]

Lehrkräfte sind verpflichtet, das Amt einer Klassenlehrerin oder eines Klassenlehrers zu übernehmen. Die Klassenlehrerin oder der Klassenlehrer soll die Schülerinnen und Schüler der Klasse in allen schulischen Angelegenheiten beraten. Sie oder er hat sich über das Verhalten und die Leistungen der Schülerinnen und Schüler im Unterricht auch der anderer Lehrerinnen und Lehrer zu informieren.

Erläuterungen:

Satz 1 enthält die selbstverständliche pädagogische Verpflichtung für jede Lehrkraft, das Amt des Klassenlehrers zu übernehmen.

Dieses Amt hat eine zentrale Bedeutung für die schulische Erziehungs- und Unterrichtsarbeit, denn der Klassenlehrer ist die wichtigste Bezugsperson der Schule zu den Schülern seiner Klasse und das bedeutendste Bindeglied zwischen Schule und Elternhaus. Die Aufgaben des Klassenlehrers werden in der Folge näher beschrieben.

Satz 2 stellt eine – auf das Amt des Klassenlehrers bezogene – Konkretisierung der in § 72 HSchG enthaltenen und durch die §§ 10, 23, 30 Abs. 2, 38 Abs. 2, 47 Abs. 3, 49 Abs. 4 und 73 VOGestSchV anhand verschiedener Anlässe näher beschriebenen Verpflichtung der Beratungspflicht der Schule gegenüber den Schülern dar.

Satz 3 erweitert den Umfang der Beratungspflichten des Klassenlehrers über den eigenen Unterrichtsbereich hinaus auf den Unterricht aller anderen Lehrkräfte, den der einzelne Schüler besucht.

Diese Erweiterung der Beratungspflicht des Klassenlehrers ist erforderlich, da nur auf diese Weise der Informationsanspruch der Schüler in dem gebotenen Umfang sicher gestellt werden kann, indem dem Klassenlehrer das Verhalten der Schüler der von ihm geführten Klasse nicht im eigenen Unterricht, sondern auch in dem seiner Kollegen bekannt ist.

Diese Verpflichtung des Klassenlehrers, die Schüler über alle wesentlichen Vorkommnisse aus dem Unterricht anderer Lehrkräfte zu informieren und erforderlichenfalls zu beraten, schließt notwendigerweise auch die Verpflichtung der übrigen Lehrkräfte nach § 6 Abs. 2 DO ein, den Klassenlehrer in geeigneter Weise in Kenntnis zu setzen, wenn Auffälligkeiten einzelner Schüler festgestellt worden sind.

§ 9 Abs. 2 [Aufgaben des/der Klassenlehrers/-in]

Die Klassenlehrerin oder der Klassenlehrer steht in besonderem Maße den Eltern zur Beratung zur Verfügung und ist für die Führung der für den Unterricht betreffenden Unterlagen verantwortlich. Sie oder er kann aus wichtigen Gründen Schülerinnen und Schülern der Klasse Urlaub bis zu zwei Tagen gewähren; besondere Regelungen bleiben unberührt.

Erläuterungen:

Satz 1, 1. Halbsatz stellt – wie Absatz 1 Satz 2 gegenüber den Schülern – eine Konkretisierung der Regelungen der Art. 6 Abs. 2 GG und § 72 HSchG bezogen auf die Informationsrechte der Eltern dar, die zu erfüllen innerhalb der Schule neben dem Schulleiter nach § 72 Abs. 3 HSchG vorrangig in die Verantwortung des Klassenlehrers fällt.

Die in **Satz 1, 2. Halbsatz** enthaltene Verantwortung zur Führung der den Unterricht betreffenden Unterlagen beinhaltet die Wahrnehmung von klassenbezogenen Verwaltungsaufgaben. Hierzu gehört beispielsweise die Führung des Klassenbuchs oder vergleichbarer

Unterlagen, die Überwachung der Schulpflicht bei noch der Schulpflicht unterliegenden Schülern, die Führung der Notenlisten und die Vorbereitung der Anfertigung der Halbjahres- und Jahreszeugnisse sowie die Vorbereitung der verschiedenen Klassenkonferenzen insbesondere vor Zeugnisausgabeterminen.

Die in **Satz 2, 1. Halbsatz** übertragene Zuständigkeit, Schülern der von ihm geleiteten Klasse bis zu zwei Tage Urlaub gewähren zu dürfen, ist zum einen Ausdruck der besonderen Nähe des Klassenlehrers zu den Schülern seiner Klasse, denn er kann in der Regel besser als jede andere Lehrkraft die Notwendigkeit eines Urlaubsantrags eines Schülers beurteilen. Zum anderen dient diese Zuständigkeitsübertragung der Entlastung des Schulleiters, der nur bei Beurlaubungsanträgen, die einen Zeitraum von mehr als zwei Tagen umfassen, tätig werden muss.

Satz 2, 2. Halbsatz beschreibt den rechtsstaatlich selbstverständlichen Vorrang speziellerer Regelungen vor der generellen in der Dienstordnung (vgl. vor allem §§ 2 ff VOGestSchV, in denen die Zuständigkeiten für Beurlaubungen von Schülern zusammengefasst sind).

§ 9 Abs. 3 [Besondere Veranstaltungen]

Für besondere Veranstaltungen, zum Beispiel Studienfahrten, Lehrausflüge, Betriebsbesichtigungen und Wanderungen sowie Feiern ist das Einvernehmen mit der Schulleiterin oder dem Schulleiter herbeizuführen, sofern nicht die Schulaufsichtsbehörde für die Genehmigung zuständig ist.

Erläuterungen:

Diese Regelung entspricht inhaltlich der Zuständigkeitszuweisung im Erlass des Hessischen Kultusministeriums über Schulwanderungen und Schulfahrten vom 7.12.2009 (ABl. 2010 S. 24), nach dessen Ziffer II.2.2 die verschiedenen schulischen Veranstaltungen, die nicht am Lernort Schule stattfinden, der Genehmigung des Schulleiters bedürfen.

Auch wenn nach dem Wortlaut dieser Vorschrift der DO nur die Herbeiführung eines Einvernehmens mit dem Schulleiter vorausgesetzt wird, ist aus der Gesamtverantwortung des Schulleiters für die von ihm geleitete Schule nach § 87 Abs. 1 Satz 5 HSchG i.V.m. § 14 Abs. 1 Satz 6 DO und den Zuständigkeitsregeln des Erlasses über Schulwanderungen und Schulfahrten zu entnehmen, dass insoweit von einer Genehmigungszuständigkeit des Schulleiters auszugehen ist. Dies gilt umso mehr, als im HSchG die Begriffe Einvernehmen und Genehmigung sinngleich verwendet werden.

Während der Erlass über Schulwanderungen nur solche Schulveranstaltungen, die außerhalb des Lernortes Schule stattfinden sollen, dem Genehmigungsvorbehalt des Schulleiters unterwirft, erfasst der Einvernehmensvorbehalt des § 9 Abs. 3 auch schulinterne Klassenfeiern. Diese Festlegung, den Schulleiter vor Durchführung derartiger Veranstaltungen mindestens zu informieren, ist Ausdruck der Gesamtverantwortung des Schulleiters für die von ihm geleitete Schule. Denn nur nach entsprechender Information kann er sicherstellen, dass die zur Durchführung derartiger Veranstaltungen erforderlichen Sicherheitsstandards und vergleichbare Vorgaben eingehalten werden.

§ 9 Abs. 4 [Beratungspflicht aller Lehrkräfte]

An den von der Klassenlehrerin oder dem Klassenlehrer oder der Schulleiterin oder dem Schulleiter einberufenen Besprechungen mit den Eltern sollen, soweit pädagogische Gründe dies erforderlich machen, die in den betreffenden Klassen unterrichtenden Lehrkräfte teilnehmen. § 107 Abs. 3 des Schulgesetzes bleibt unberührt.

Erläuterungen:

Satz 1 beschreibt eine weitere Konkretisierung der aus Art. 6 Abs. 2 GG i.V.m. § 72 HSchG abgeleiteten Beratungspflicht aller Lehrkräfte, indem sie verpflichtet werden, an den vom jeweiligen Klassenlehrer oder Schulleiter einberufenen Informationsveranstaltungen für einzelne Klassen teilzunehmen, wenn sie in diesen Unterricht erteilen und ihre Teilnahme als sinnvoll eingeschätzt wird. Mit dieser Regelung soll sichergestellt werden, dass die Eltern auf den von der Schule angebotenen Informations- und sonstigen Veranstaltungen mit allen Lehrkräften, die in der jeweiligen Klasse Unterricht erteilen, Kontakt aufnehmen und die von ihnen gewünschten Informationen und Auskünfte erhalten können.

Satz 2 enthält den Verweis auf die vergleichbare Regelung des § 107 Abs. 3 HSchG, nach der alle Lehrkräfte, die in einer Klasse Unterricht erteilen, verpflichtet sind, an den vom Klassenelternbeirat einberufenen Elternabenden mindestens einmal im Schuljahr teilzunehmen, um den in diesen Veranstaltungen anwesenden Eltern die Möglichkeit zu geben, die gewünschten Auskünfte über Unterrichtsvorhaben, Planungen und ähnliche allgemein interessierende Themen, nicht aber über die Leistungen oder das Verhalten einzelner Kinder zu erhalten. Gleichzeitig bietet die Teilnahme der Lehrkräfte an derartigen Veranstaltungen auch die Möglichkeit, eigene für wichtig gehaltene Informationen über die eigene pädagogische Arbeit an die Eltern weiterzugeben.

Insgesamt dient die Regelung insbesondere der Sicherstellung des für die Erziehung der Schüler notwendigen pädagogischen Dialogs zwischen Lehrkräften und Eltern, ohne den die Erfüllung des Bildungs- und Erziehungsauftrags der Schule nicht möglich ist.

§ 9 Abs. 5 [Elternsprechtag]

Lehrkräfte sind verpflichtet, an dem von der Schulleiterin oder dem Schulleiter einberufenen Elternsprechtag teilzunehmen. Der Elternsprechtag ist mindestens einmal im Schuljahr an einem unterrichtsfreien Samstag durchzuführen. Mit Zustimmung des Schulelternbeirats kann der Elternsprechtag auch an einem anderen Werktag nachmittags oder abends durchgeführt werden. An selbstständigen gymnasialen Oberstufen und beruflichen Schulen kann mit Zustimmung des Schulelternbeirats der Elternsprechtag entfallen.

Erläuterungen:

Diese Regelung, die mit der Novellierung der Dienstordnung im Jahr 1998 eingeführt worden ist, stellt eine weitere Konkretisierung der Beratungspflicht der Lehrkräfte gegenüber den Eltern entsprechend § 72 HSchG dar. Inhaltlich handelt es sich um eine Institutionalisierung der allgemeinen Beratungspflicht in Gestalt einer nach Satz 2 mindestens einmal im Schuljahr durchzuführenden Elternsprechtages, der zur Vermeidung von Unterrichtsausfällen an einem unterrichtsfreien Samstag durchzuführen ist. Dabei ist nach Satz 3 mit Zustimmung des Schulelternbeirats auch eine Organisation des Elternsprechtages an (unterrichtsfreien) Nachmittagen oder Abenden zulässig.

Mit dieser Form des organisierten Angebots von individuellen Gesprächsmöglichkeiten zwischen Lehrkräften und Eltern soll die Gelegenheit geschaffen werden, mit einem Mindestmaß an Zeitaufwand für alle Beteiligten sicherzustellen, dass die Eltern mit den ihre Kinder unterrichtenden Lehrkräften an einem Tag Gespräche führen zu können, was bei einer geschickten Termingestaltung durch Vormerkungen und klare Zeittaktungen realisiert werden kann.

Auch wenn nicht verkannt werden soll, dass die Durchführung eines solchen Elternsprechtages gerade an größeren Systemen einen nicht unerheblichen organisatorischen Aufwand erfordert, stellt er doch eine von den Eltern überwiegend nachgefragte institutionalisierte Form der Gesprächskontakte mit der Schule dar, die bis heute als unverzichtbar eingestuft wird.

Die in Satz 3 vorgesehene Möglichkeit, an selbstständigen gymnasialen Oberstufenschulen oder beruflichen Schulen mit Zustimmung des Schulelternbeirates auf die Durchführung von Elternsprechtagen zu verzichten, entspricht der Realität an diesen Schulen, die überwiegend von volljährigen Schülern besucht werden. Die Informationsbedürfnisse der Eltern der noch nicht volljährigen Schüler können in der Regel auch durch die von den Lehrkräften anzubietenden Sprechstunden erfüllt werden.

§ 9 Abs. 6 [Tutoren/-innen]

Abs. 1 bis 4 gelten für Tutorinnen und Tutoren entsprechend.

Erläuterungen:

Diese Regelung stellt den in der Gymnasialen Oberstufe an die Stelle des Klassenlehrers tretenden Tutor bezüglich seiner Beratungspflicht gegenüber Schülern und Eltern mit Ausnahme der der Teilnahme an Elternsprechtagen mit dem Klassenlehrer und dessen Verpflichtungen gleich. Diese Übertragung ist aufgrund des im Wesentlichen vergleichbaren Tätigkeitsprofils des Tutors mit dem Klassenlehrer konsequent und stellt für diesen Personenkreis wegen der regelmäßig überschaubaren Anzahl von Tutanden gegenüber den Schülern einer Klasse keine übermäßige Belastung für den einzelnen Tutor dar, zumal diese Verpflichtung mindestens den Eltern der Schüler gegenüber im Laufe der gymnasialen Oberstufe wegen des Eintritts der Volljährigkeit dieser Schüler kontinuierlich abnimmt.

§ 10 Abs. 1 [Sammlungen]

Die Durchführung von nicht von der Schulleitung zugelassenen Sammlungen ist nicht gestattet.

Erläuterungen:

Die gesamte Vorschrift ist Ausdruck des der Schule obliegenden Neutralitätsprinzips und systematisch eher dem Regelungsbereich der Schulleitung oder des Schulleiters zuzuordnen und nicht dem der Lehrkräfte, da hier ein Regelungsinhalt dargestellt wird, der in den Zuständigkeits- und Verantwortungsbereich der Schulleitung oder des Schulleiters fällt.

Die in Absatz 1 erfolgte Zuständigkeitszuweisung an die Schulleitung ist Ausdruck der in § 87 Abs. 1 Satz 5 HSchG festgelegten Gesamtverantwortung des Schulleiters für die von ihm geleitete Schule, der nach § 87 Abs. 1 Satz 4 HSchG einzelne Aufgaben auf Mitglieder der Schulleitung delegieren kann. Die Regelung entspricht inhaltlich im Übrigen der Zuständigkeitsregelung in Ziffer V des Erlasses über „Verteilen von Schriften, Aushängen und Sammlungen in der Schule" vom 18. 2. 2010 (ABl. S. 90). Danach sind nur solche Sammlungen genehmigungsfähig, die entweder in einem inhaltlichen Zusammenhang mit einer Schulveranstaltung stehen wie das Einsammeln von Eintrittsgeldern anlässlich des Besuchs eines außerschulischen Lernortes oder mit dem Bildungs- und Erziehungsauftrag der Schule vereinbar sind.

Dabei ist ergänzend zu beachten, dass die Teilnahme an nicht der Vorbereitung von Schulveranstaltungen dienenden Sammlungen ausnahmslos freiwillig ist, worauf Schüler und deren Eltern bei der Durchführung dieser Sammlungen ausdrücklich hinzuweisen sind.

§ 10 Abs. 2 [Zulässigkeit geschäftlicher Werbung]

Geschäftliche Werbung in der Schule ist nur mit folgender Maßgabe zulässig. Wird die Schule durch für ihren Haushalt erhebliche Zuwendungen Dritter bei der Erfüllung ihrer Aufgaben unterstützt oder die Anschaffung für Erziehung und Unterricht förderlicher Gegenstände ermöglicht, so kann auf Antrag des Dritten hierauf hingewiesen werden. Dieser Hinweis kann durch den Empfänger der Zuwendungen zum Beispiel auf Plakaten, Veranstaltungshinweisen oder in sonstiger Weise unter Verwendung des Namens, Emblems oder Logos des Dritten, jedoch ohne besondere Hervorhebung, gegeben werden. Unzulässig ist eine über die Nennung der zuwendende Person oder Einrichtung, der Art oder des Umfangs der Zuwendung hinausgehende Produktwerbung.

Erläuterungen:

Diese Regelung schafft einen Rahmen für die Zulässigkeit geschäftlicher Werbung in der Schule und soll die der Schule obliegende Neutralität sicherstellen.

Danach ist zunächst entsprechend der Bestimmung in **Satz 1** als Grundregel davon auszugehen, dass geschäftliche Werbung in der Schule keinen Platz hat. Sie ist nur dann – ausnahmsweise – als zulässig anzusehen, wenn der Schule dafür ein Gegenwert in Gestalt von Sponsoring oder sonstiger materieller Unterstützung geboten wird.

Gemessen an diesen Grundsätzen ist die Schule nach **Satz 2** berechtigt, Unterstützungsleistungen von dritter Seite entgegenzunehmen und gleichsam als (vom Geber erwartete) Gegenleistung dessen Namen und die Förderungstätigkeit zu nennen. Die Leistung des Sponsors kann entweder in Gestalt finanzieller Zuwendungen oder durch die direkte Beschaffung und Zurverfügungstellung unterrichtsförderlicher Gegenstände erfolgen.

Satz 3 beschreibt Möglichkeiten der Schule, die vom Sponsor erwartete Gegenleistung in Form von Nennung des Sponsors und seiner Leistung schulöffentlich zu machen, die hier aufgeführten Möglichkeiten sind nicht abschließend, sondern ausdrücklich nur beispielshaft zu verstehen, sodass andere geeignete ebenfalls in Betracht kommen können.

Der Umfang der zulässigen Gegenleistung der Schule wird in **Satz 4** klar umrissen; genannt werden darf der Name des Sponsors sowie Art und Umfang seiner Zuwendung, weitergehende typische Produktwerbung ist jedoch ausdrücklich nicht erlaubt.

§ 10 Abs. 3 [Zuständigkeit bei geschäftlicher Werbung]

Entscheidungen nach Abs. 2 trifft die Schulleiterin oder der Schulleiter, soweit Folgekosten für den Schulträger entstehen, im Einvernehmen mit diesem. Die Befugnis der Schulträger, im Bereich der äußeren Schulangelegenheiten Regelungen für das Sponsoring zu treffen, bleibt unberührt.

Erläuterungen:

Die in **Satz 1** erfolgte Zuständigkeitszuweisung zum Schulleiter entspricht seiner in § 87 Abs. 1 Satz 5 HSchG festgelegten Gesamtverantwortung für die von ihm geleitete Schule. Die in dieser Vorschrift enthaltene Einschränkung zu Gunsten des Schulträgers, soweit dieser nach einer Zuwendung eines Sponsors Kostenfolgen zu tragen hat, ist notwendige Folge der nach §§ 155 ff HSchG bestehenden Kostentragungspflicht des jeweiligen Schulträgers für den Bereich der äußeren Schulverwaltung, zu dem vor allem Einrichtungs- und Ausstattungsgegenstände wie Computer oder ähnliches zu rechnen sind. Der Schulleiter ist daher in allen Fällen, in denen eine Sachzuwendung durch einen Sponsor in der Nutzung Kosten nach sich zieht, die dann vom Schulträger als Sachkostenträger zu übernehmen wären, verpflichtet, vom Schulträger eine generelle oder einzelfallbezogene Zustimmung zur Entgegennahme derartiger Zuwendungen einzuholen. Ohne eine solche Zustimmung des Schulträgers dürfte der Schulleiter eine solche Zuwendung eines Sponsors nicht entgegen nehmen.

Die in **Satz 2** enthaltene Klausel ist Ausdruck der sich aus §§ 155 ff HSchG abzuleitenden Berechtigung der Schulträger, für ihre eigenen Bereiche Regelungen in eigener Zuständigkeit zu erlassen, mit denen die Praxis der Zuwendungen Dritter an Schulen in geordnete Bahnen gelenkt werden kann. Nicht befugt wären die Schulträger allerdings, mit diesen Regelungen in die inneren Schulangelegenheiten einzugreifen. Dies fällt vielmehr in die ausschließliche Regelungskompetenz des Landes Hessen.

§ 11 [Eingaben an die Schulaufsichtsbehörde]

Bei Eingaben an die Schulaufsichtsbehörde ist der Dienstweg einzuhalten, soweit nicht im Einzelfall etwas anderes bestimmt ist. Beschwerden über die Schulleiterin oder den Schulleiter oder eine Schulaufsichtsbeamtin oder einen Schulaufsichtsbeamten können

unmittelbar an die Dienstvorgesetzten gerichtet werden. Vorsprachen bei Schulaufsichtsbehörden sollen nur nach vorheriger Anmeldung erfolgen.

Erläuterungen:

Die Regelung in **Satz 1** ist Ausdruck des in Art. 19 Abs. 4 und 20 Abs. 3 GG verankerten Rechtsstaatsprinzips, das durch § 104 Abs. 1 HBG i. V. m. Ziffer 2 des Erlasses über den Geschäftsverkehr vom 13. 9. 2011 (ABl. S. 774) für den Schulbereich näher konkretisiert wird. Danach ist jede Lehrkraft berechtigt, unter Einhaltung des Dienstweges Anträge zu stellen und Beschwerden vorzubringen, wobei ihm gemäß § 104 Abs. 1 Satz 2 HBG der Beschwerdeweg bis zu seiner obersten Dienstbehörde ausdrücklich offensteht. Diese nur für Beamte gültige Regelung wird durch diese Vorschrift, die der beamtenrechtlichen inhaltlich im Wesentlichen entspricht, ausdrücklich auf Tarifbeschäftigte erweitert. Für alle Lehrkräfte im Land Hessen bedeutet dies, dass sich unter Einhaltung des Dienstweges mit Eingaben bis an das Hessische Kultusministerium wenden können. Dies bedeutet, dass die Lehrkraft ihre Eingabe über den Schulleiter und das für sie zuständige Staatliche Schulamt an das Hessische Kultusministerium richten muss. Diese Vorgehensweise ist sinnvoll, da auf diese Weise dem abschließend entscheidenden Kultusministerium mit der Eingabe der Lehrkraft die Stellungnahmen des Schulleiters und des Staatlichen Schulamtes vorgelegt werden sollen, so dass verfahrensverlängernde Rückfragen vermieden werden können. Zur Vermeidung von Missverständnissen ist an dieser Stelle darauf hinzuweisen, das das beim Hessischen Kultusministerium eingerichtete Bürgerbüro nicht für Anfragen der Lehrkräfte, sondern nur für solche von Schülern, deren Eltern oder sonstigen Interessenten eingerichtet worden ist. Lehrkräfte werden im Einzelfall auf den nach den vorgenannten Vorschriften einzuhaltenden Dienstweg hingewiesen.

Satz 2 konkretisiert die beamtenrechtliche Regelung des § 104 Abs. 2 HBG für den Schulbereich und erweitert sie ebenfalls auf Tarifbeschäftigte. Mit dieser Regelung soll sichergestellt werden, dass eine Lehrkraft, die eine Beschwerde über ihren Schulleiter vorbringen möchte, diese unmittelbar und ohne Rücksichtnahme auf und Beeinflussungsmöglichkeit durch ihn beim zuständigen Staatlichen Schulamt einlegen kann. Ebenfalls erfasst ist die Konstellation, in der eine Lehrkraft oder ein Schulleiter eine Beschwerde über einen Mitarbeiter eines Staatlichen Schulamtes erheben will. In diesen Fällen ist die beschwerdeführende Lehrkraft berechtigt, sich entweder unmittelbar (bei Beschwerden über Mitarbeiter des Staatlichen Schulamtes) an den Schulamtsleiter oder (bei Beschwerden über den Schulamtsleiter) an das Hessische Kultusministerium zu wenden.

Satz 3 enthält eine aus organisatorischer Sicht selbstverständliche Regelung, die sowohl unnötige Wartezeiten als auch überfallartige Besuche vermeiden helfen will.

§ 12 Abs. 1 [Erkrankung und sonstige Verhinderung]

Sind Lehrkräfte verhindert, ihren Unterricht zu erteilen, so ist die Schulleiterin oder der Schulleiter, bei einklassigen Schulen das Staatliche Schulamt unverzüglich unter Angabe des Grundes zu benachrichtigen. Bei Versäumnis wegen Krankheit ist von Lehrkräften am vierten Tag der Erkrankung eine ärztliche Bescheinigung, die nach Möglichkeit Angaben über die voraussichtliche Dauer der Erkrankung enthalten soll, vorzulegen. Diese Bescheinigung ist der Schulleiterin oder dem Schulleiter einzureichen. Ärztliche Bescheinigungen für die Schulleiterin oder den Schulleiter sind unverzüglich an die Schulaufsichtsbehörde weiterzureichen. Über die Erkrankung von Lehrkräften im Vorbereitungsdienst unterrichten sich Schulleiterin oder Schulleiter und die Studienseminarleiterin oder der Studienseminarleiter gegenseitig.

Erläuterungen:

Die Vorschrift konkretisiert in **Satz 1** für Beamte die allgemeine Verpflichtung aus § 68 Abs. 1 Satz 2 HBG i. V. m. § 11 Satz 1 Hess. Urlaubsverordnung (HUrlVO) bei Verhinderungsfällen für den Bereich der Erkrankung und gibt die für erkrankte Tarifbeschäftigte in § 44 Nr. 3 TV-H enthaltene Verpflichtung inhaltlich wieder. Danach ist jede Lehrkraft – unabhängig von der Art ihres Beschäftigungsverhältnisses – verpflichtet, zwingende Hinderungsgründe zur Arbeits- oder Dienstleistung unverzüglich, d. h. ohne schuldhaftes Zögern und so schnell wie objektiv möglich, der Schulleiterin oder dem Schulleiter mitzuteilen. Hierfür wird in der Praxis regelmäßig eine telefonische Mitteilung – möglichst vor Unterrichtsbeginn des ersten Fehltages – als ausreichend anzusehen sein. Dabei hat die Lehrkraft schon zu diesem Zeitpunkt ihre Erkrankung und deren voraussichtliche Dauer mitzuteilen. Diese Regelung dient vorrangig dem Ziel, dem Schulleiter eine tragfähige und zeitnahe Vertretungsregelung zu ermöglichen.

Satz 2 sieht in Konkretisierung des § 68 Abs. 1 Satz 3 HBG und des § 3 Abs. 5 TV-H für den Fall, dass die Erkrankung länger als drei Tage dauert, eine förmliche Nachweispflicht durch Vorlage eines ärztlichen Attestes vor, in dem die voraussichtliche Dauer der Erkrankung vom Arzt anzugeben ist. Diese Regelung dient wiederum vorrangig der Planungssicherheit für den Schulleiter. Dabei zählen als Erkrankungstage Kalender- und nicht Arbeitstage, was in der Schulpraxis dann zu Problemen führen kann, wenn es sich um Erkrankungen mit „Wochenendbindung" handelt, da die Wochenendtage als Krankheitstage mitzuzählen und entsprechend zu attestieren sind, sofern von der betroffenen Lehrkraft nicht ausdrücklich Gegenteiliges vorgetragen wird.

In Einzelfällen ist der Schulleiter berechtigt, eine frühere Vorlage eines ärztlichen Attestes zu verlangen, um auf Fälle häufiger Eintageserkrankungen reagieren zu können. Hierbei wird die Abstimmung mit dem Staatlichen Schulamt als der dienstvorgesetzten Behörde ausdrücklich empfohlen. In der Praxis führt schon die Ankündigung, künftig für jeden krankheitsbedingten Fehltag ein ärztliches Attest zu verlangen, zu deutlichen Verhaltensänderungen, sofern es sich nicht um ernsthafte Erkrankungen handelt, die erst durch derartige Maßnahmen offenkundig werden. Insoweit ist diese Vorgehensweise auch Ausdruck der Vorgesetzten gegenüber ihren Mitarbeitern obliegenden Fürsorgepflicht.

Die in der Novelle 2011 ursprünglich vorgesehene Regelung in Satz 3 enthielt eine Klarstellung dahingehend, dass Nachweise über Erkrankungen unabhängig von deren Auftreten – also auch an Wochenenden oder in Ferien – vorzulegen sind. Hierdurch hätte unterstrichen werden können, dass Lehrkräfte in gleicher Weise wie jeder andere Beschäftigte zur Vorlage von Attesten verpflichtet sind. Die Regelung hätte daher vor allem Gleichbehandlungszwecken gedient, ist aber in der vorliegenden Fassung nicht (mehr) enthalten. An der Verpflichtung, nach dem dritten Tag (= d. h. Kalendertag, nicht Tag mit Unterrichtsverpflichtung) einer Erkrankung eine ärztliche Bescheinigung vorzulegen, ändert die Nichtaufnahme dieser Vorschrift jedoch nichts.

Satz 3 enthält eine verfahrensrechtliche Selbstverständlichkeit, denn nur wenn der Schulleiter unmittelbar über die Verhinderung einer Lehrkraft unterrichtet wird, ist er in der Lage, angemessen darauf zu reagieren.

Satz 4 gibt die Sondersituation des Schulleiters wieder, die an der Schule keinen Vorgesetzten haben, dem gegenüber eine Verhinderung angezeigt werden könnte.

Satz 5 beschreibt die besondere Situation bei Lehrkräften im Vorbereitungsdienst, deren Stammdienststelle das jeweilige Studienseminar ist, die aber an ihrer Ausbildungsschule im Unterricht eingesetzt werden. Insoweit müssen beide Dienststellen von der Verhinderung unterrichtet werden.

§ 12 Abs. 2 [Erholungsurlaub]

Lehrkräfte haben ihren Erholungsurlaub während der Schulferien zu nehmen.

Erläuterungen:

Die Vorschrift verweist zum einen auf die allgemeinen Bestimmungen des § 44 BeamtStG i.V.m. § 69 Abs. 1 HBG für Beamte i. V. m. § 5 Abs. 1 HUrlVO und des § 44 Nr. 3 TV-H für

Tarifbeschäftigte. Danach beträgt der Urlaubsanspruch für eine Lehrkraft im Beamtenverhältnis bis zur Vollendung des 30. Lebensjahres 26 Arbeitstage, bis zur Vollendung des 40. Lebensjahres 29 Arbeitstage, bis zur Vollendung des 50. Lebensjahres 30 Arbeitstage und danach 33 Arbeitstage, für Lehrkräfte im Tarifbeschäftigtenverhältnis gilt ein den Beamten entsprechender Urlaubsanspruch.

Die Vorschrift wiederholt zum anderen die bereits in § 69 Abs. 1 Satz 2 HBG und in der Sonderregel für Lehrkräfte in § 44 Nr. 3 TV-H aufgestellte Verpflichtung, dass Lehrkräfte ihren Erholungsurlaub während der unterrichtsfreien Zeit (=Schulferien) zu nehmen haben. Dies schließt im Umkehrschluss jede Gewährung von Erholungsurlaub für Lehrkräfte während der Unterrichtszeit ausdrücklich aus, was schon aus Gründen der Vorbildfunktion der Lehrkräfte nachzuvollziehen ist.

Aus der Regelung folgt des Weiteren die zwingende Schlussfolgerung, dass die Zeiten in den Schulferien, die den dargestellten Urlaubsanspruch übersteigen, für die Lehrkräfte keinen Urlaub darstellen, sondern zu dienstlichen Zwecken genutzt werden können. Dies schließt die Berechtigung des Schulleiters ausdrücklich ein, Lehrkräfte auch während der Schulferien zu dienstlichen Tätigkeiten, die mit ihrer Tätigkeit als Lehrkraft im Zusammenhang stehen, heranziehen zu dürfen. In entsprechender Weise sieht Ziffer X der Allgemeinen Ferienordnung v. 14. 10. 2004 (ABl. S. 904) vor, dass die organisatorischen Vorbereitungen für den Unterrichtsbeginn am Schuljahresanfang einschließlich der dafür erforderlichen Konferenzen spätestens in der letzten Ferienwoche durchzuführen sind. Zur Erfassung der den einzelnen Lehrkräften zustehenden Urlaubsansprüche und deren Inanspruchnahme im Laufe des Kalenderjahres könnte es sich empfehlen, für jede Lehrkraft eine Urlaubskarte zu führen. Denn nur so dürfte der Schulleiter in der Lage sein, die den Urlaubsanspruch der einzelnen Lehrkraft übersteigenden Zeiten der Schulferien zweifelsfrei festzustellen und ggf. zu nutzen. Eine solche Praxis ist in den Freistaaten Sachsen und Thüringen bis heute selbstverständlich, wodurch die Transparenz des Lehrereinsatzes deutlich erhöht werden kann.

Die Führung einer solchen Urlaubskarte könnte auch dazu dienen, eventuell auftretende Erkrankungen von Lehrkräften in den Schulferien zu erfassen und ihnen für den Fall, dass ihre Erkrankung den höchstmöglichen Jahresurlaub eines sonstigen Mitarbeiters des Landes Hessen in Höhe von 33 Arbeitstagen pro Jahr übersteigt, einen entsprechenden Urlaubsausgleich während der Unterrichtszeit zu gewähren, wenn auch durch Übertragung des Urlaubsanspruchs in das Folgejahr eine Abgeltung des Urlaubsanspruchs nicht möglich sein sollte.

§ 13 Entsprechende Anwendung]

Die §§ 4 bis 12 gelten entsprechend für die Schulleiterin oder den Schulleiter, Lehrkräfte im Vorbereitungsdienst und sonstige Personen, die Unterricht erteilen.

Erläuterungen:

Diese Vorschrift enthält eine Klarstellung, nach der alle bisherigen, ihrem Wortlaut nach nur für Lehrkräfte anzuwendenden Bestimmungen der Dienstordnung auch für alle übrigen Unterricht erteilenden Kräfte in der Schule anzuwenden sind, wobei die nur beispielshafte Erwähnung des Schulleiters und der Lehrkräfte im Vorbereitungsdienst ausdrücklich alle weiteren Unterrichtspersonen einschließt, ohne diese im Einzelnen zu benennen.

DRITTER TEIL
Schulleitung

§ 14 Abs. 1 [Schulleitung]

Die Schulleiterin oder der Schulleiter, die Stellvertreterin oder der Stellvertreter und die Lehrkräfte, die besondere Funktionsstellen innehaben, bilden die Schulleitung. Die Mitglieder der Schulleitung nehmen ihre Aufgaben auf der Grundlage eines Geschäftsverteilungsplanes unter Berücksichtigung der Funktionen selbstständig und eigenverantwortlich wahr. Ferner nehmen sie Aufgaben des oder der Vorgesetzten wahr, soweit es für die ordnungsgemäße Erfüllung der Aufgaben der Schule erforderlich ist (§ 87 Abs. 1 Satz 1 – 3 des Schulgesetzes). Die Übertragung von Aufgaben des oder der Vorgesetzten auf die Mitglieder der Schulleitung erfolgt durch entsprechende Festlegung im Geschäftsverteilungsplan oder durch Anordnung der Schulleiterin oder des Schulleiters. Die Schulleiterin oder der Schulleiter kann einzelne Aufgaben auf die übrigen Mitglieder der Schulleitung und andere Lehrkräfte übertragen. Die Gesamtverantwortung der Schulleiterin oder des Schulleiters für die Schule bleibt unberührt.

Erläuterungen:

Diese Regelung stellt bis auf Satz 4 eine wörtliche Wiedergabe des § 87 Abs. 1 Satz 1 – 5 HSchG dar und enthält daher nur in Satz 4 eine eigenständige Regelung.

Der wesentliche Inhalt von § 87 Abs. 1 Satz 1 HSchG/§ 14 Abs. 1 **Satz 1** DO besteht in der Einführung des Begriffs „Schulleitung" in die hessische Schullandschaft. Damit soll dem Gedanken Rechnung getragen werden, dass die Leitung einer Schule, insbesondere in größeren Systemen, nicht mehr im tradierten Sinn von einem „alleinherrschenden" Schulleiter wahrgenommen werden kann, sondern von einem arbeitsteilig arbeitenden Team, das allerdings – wie in § 87 Abs. 1 Satz 5 HSchG/§ 14 Abs. 1 Satz 6 DO zutreffend festgehalten – in der Gesamtverantwortung des Schulleiters tätig wird.

Die in § 87 Abs. 1 Satz 2 HSchG/§ 14 Abs. 1 **Satz 2** DO enthaltene Festlegung, dass die Aufgabenwahrnehmung im Schulleitungsteam auf der Grundlage eines Geschäftsverteilungsplans erfolgt, entspricht verwaltungsorganisatorischen Notwendigkeiten. Denn nur klare Zuständigkeitsregeln lassen die Übernahme von Verantwortung zu, was von den Mitgliedern des Schulleitungsteams im Rahmen der Gesamtverantwortung des Schulleiters ausdrücklich erwartet wird.

Die in § 87 Abs. 1 Satz 3 HSchG/§ 14 Abs. 1 **Satz 3** DO benannte Vorgesetztenfunktion, die auf einzelne Mitglieder des Schulleitungsteams übertragen werden kann, ist Ausdruck der in großen Schulsystemen vorhandenen Gliederung, die notwendigerweise zur Bildung von Hierarchien führt, die von Führungskräften geleitet werden. Zu diesen Führungsaufgaben gehört dann auch die nach § 3 Abs. 3 HBG wahrzunehmende Funktion eines Vorgesetzten, der dann berechtigt ist, im Rahmen seiner dienstlichen Stellung und seines Zuständigkeitsbereichs den ihm zugeordneten Mitarbeitern Weisungen zu erteilen. In entsprechender Weise sind z. B. Leiter von Abteilungen beruflicher Schulen berechtigt, den in der von ihnen geleiteten Abteilung tätigen Lehrkräften im Rahmen des Dienstbetriebs Weisungen zu erteilen oder andere Vorgesetztenfunktionen wie die Führung von Jahresgesprächen wahrzunehmen. Von der Wahrnehmung durch Mitglieder des Schulleitungsteams als Vorgesetzte ausgenommen sind lediglich solche Tätigkeiten des Schulleiters, die an seine Dienstvorgesetztenfunktion nach § 16 DO anknüpfen, denn diese Tätigkeiten setzen die Eigenschaft als Dienstvorgesetzter nach § 3 Abs. 2 HBG voraus, die an die Person des jeweiligen Dienstvorgesetzten gebunden und nicht übertragbar ist.

Die Regelung in **Satz 4**, 1. Halbsatz zur Übertragbarkeit von Aufgaben durch Festlegungen im Geschäftsverteilungsplan der Schulleitung entspricht der in § 87 Abs. 1 Satz 2 HSchG/§ 14 Abs. 1 Satz 2 DO und hat lediglich deklaratorische Bedeutung. Die im 2. Halbsatz beschriebene Möglichkeit der Zuständigkeitsübertragung durch Anordnung des Schulleiters folgt aus der Vorgesetztenfunktion des Schulleiters nach § 3 Abs. 3 HBG, die er gegenüber allen Mitgliedern des Kollegiums der von ihm geleiteten Schule unabhängig von deren Beschäftigtenverhältnis ausübt, sowie seiner Gesamtverantwortung für die Schule nach § 87 Abs. 1 Satz 5 HSchG/§ 14 Abs. 1 Satz 6 DO. Diese Delegationskompetenz findet ihre Grenze bei allen Aufgaben, die funktional an die Stellung des Schulleiters gebunden sind. Dementsprechend sind alle an die Zuständigkeit des Schulleiters als Dienstvorgesetzter (vgl. hierzu näher bei § 16 DO), die an seine Stellung als Dienststellenleiter anknüpfen, nicht auf Mitglieder des Schulleitungsteams übertragbar. Alle übrigen Zuständigkeiten des Schulleiters können entweder generell durch Festlegung im Geschäftsverteilungsplan oder speziell durch Anordnung des Schulleiters auf andere Mitglieder des Schulleitungsteams übertragen werden.

Während sich die Delegationsregelung des Satz 4 auf Zuständigkeiten des Schulleiters als Vorgesetzter bezieht, lassen § 87 Abs. 1 Satz 14 HSchG/§ 14 Abs. 1 **Satz 5** DO die Übertragung sonstiger Aufgaben einzelfallbezogen sowohl auf Mitglieder des Schulleitungsteams als auch auf sonstige Lehrkräfte zu.

§ 87 Abs. 1 Satz 5 HSchG/§ 14 Abs. 1 **Satz 6** DO betonen die nach Stellung und Funktion des Schulleiters selbstverständliche Gesamtverantwortung für die von ihm geleitete Schule.

Aus dieser Regelung folgt für die Leitung eines Schule in der Praxis, dass jede Form der arbeitsteiligen Erledigung von Schulleitungsaufgaben eine Rückbindung an den und Rechenschaftslegung gegenüber dem Schulleiter zwingend erfordert. Andernfalls könnte der Schulleiter seiner Gesamtverantwortung nicht nachkommen. Diese Kultur der Rechenschaftslegung sollte im Geschäftsverteilungsplan bereits festgelegt sein und in der Praxis entsprechend gelebt werden.

§ 14 Abs. 2 [Geschäftsverteilungsplan]

Der Geschäftsverteilungsplan wird von der Schulleiterin oder dem Schulleiter im Benehmen mit den übrigen Mitgliedern der Schulleitung und der Gesamtkonferenz festgelegt.

Erläuterungen:

Diese Vorschrift enthält zum einen eine Zuständigkeits- und Verantwortungszuweisung für die Aufstellung eines Geschäftsverteilungsplanes für das Schulleitungsteam gegenüber dem insoweit verantwortlichen Schulleiter, die sich wiederum aus seiner Gesamtverantwortung für die von ihm geleitete Schule nach § 87 Abs. 1 Satz 5 HSchG/§ 14 Abs. 1 Satz 6 DO ergibt. Sie enthält zum anderen eine Beteiligungsverpflichtung, nach der der Schulleiter die übrigen Schulleitungsmitglieder und die Gesamtkonferenz vor In-Kraft-Treten des Geschäftsverteilungsplans anzuhören hat. Dies entspricht selbstverständlichen Führungsprinzipen, nach denen eine Aufgabenübertragung nicht ohne vorherige Anhörung der Betroffenen – wie auch in § 28 HVwVfG vorgesehen – vorgenommen werden darf.

§ 14 Abs. 3 [Hinzuziehung Dritter]

Zu einzelnen Beratungsgegenständen können weitere Lehrkräfte und sozialpädagogische Mitarbeiterinnen und Mitarbeiter, Vertreterinnen und Vertreter des Schulelternbeirats und des Schülerrats oder der Studierendenvertretung sowie des Verwaltungspersonals hinzugezogen werden. Die Rechte und Zuständigkeiten der Schulkonferenz, der Konferenzen der Lehrkräfte und des Personalrates bleiben unberührt.

Erläuterungen:

Satz 1 stellt eine inhaltlich sinngleiche Wiedergabe von § 87 Abs. 2 HSchG dar und enthält insoweit keine eigenständige Regelung.

Inhaltlich entspricht diese Regelung den Erkenntnissen aufgabenteiliger Arbeitserledigung, indem nach dem Grundsatz der Transparenz konkrete Aufgaben unter möglichst frühzeitiger Beteiligung der davon betroffenen Mitglieder des Schulleitungsteams oder der Schulgemeinde, d. h. ausdrücklich nicht nur Lehrkräfte, sondern auch Schüler und Eltern besprochen werden.

Satz 2 hat ebenfalls nur deklaratorische Bedeutung, denn die in §§ 129 ff HSchG für die Schulkonferenz und in §§ 133 ff HSchG für die Gesamtkonferenz und im HPVG festgelegten Beteiligungsrechte gehen einer Festlegung in der DO nach dem Verfassungsgrundsatz des Gesetzesvorrangs ohnehin vor.

VIERTER TEIL
Schulleiterin und Schulleiter

§ 15 Abs. 1 [Verantwortlichkeiten und Aufgaben]

Die Schulleiterin oder der Schulleiter ist dafür verantwortlich, dass die Schule ihren Bildungs- und Erziehungsauftrag erfüllt. Sie oder er leitet die Schule nach §§ 87, 88 und 90 des Schulgesetzes unter Beachtung der geltenden Rechts- und Verwaltungsvorschriften, der Beschlüsse der Schulkonferenz und der Konferenzen der Lehrkräfte sowie der Weisungen der Schulaufsichtsbehörden. Schulleiterin oder Schulleiter und Konferenzen arbeiten zur Erfüllung des Bildungsauftrags zusammen. Für die Aufrechterhaltung der Ordnung in der Schule sind die Schulleiterin oder der Schulleiter, die Lehrkräfte und die sozialpädagogischen Mitarbeiterinnen und Mitarbeitern entsprechend ihren Aufgabenbereichen verantwortlich.

Erläuterungen:

Satz 1 ist Ausdruck der in § 87 Abs. 1 Satz 5 HSchG festgelegten Gesamtverantwortung des Schulleiters für die von ihm geleitete Schule und entspricht wörtlich der Regelung in § 88 Abs. 1 Satz 1 HSchG. Hierzu gehört nicht nur die Wahrnehmung von organisatorischen und Verwaltungsaufgaben, sondern vor allem – da die Schule als pädagogische Einrichtung zu arbeiten hat – der gegenüber den ihr anvertrauten Schülern wahrzunehmende Bildungs- und Erziehungsauftrag entsprechend §§ 2/§ HSchG. Die Rolle des Schulleiters ist daher vorrangig als pädagogischer Leiter und Betreiber schulischer Entwicklungsprozesse zu begreifen, die nicht ohne oder gegen ihn, sondern idealtypischer Weise aufgrund seiner Initiative, mindestens aber mit seiner Unterstützung erfolgen müssen.

Satz 2 entspricht inhaltlich bis auf den ergänzenden Einschub „Weisungen der Schulaufsichtsbehörden" der Regelung des § 88 Abs. 1 Satz 2 HSchG. Diese Regelung ist Ausdruck der selbstverständlichen rechtsstaatlichen und organisationsrechtlichen Einbindung der einzelnen Schule und damit des Handelns des Schulleiters in höherrangige gesetzliche Regelungen, in bindende Beschlüsse von Schulkonferenzen nach §§ 129 ff HSchG und Lehrerkonferenzen nach §§ 133 ff HSchG und den Vorgaben der Schulaufsichtsbehörden nach §§ 92 ff HSchG.

Aus dieser Unterstellungsregelung, die an dieser Stelle nur deklaratorische und keine eigenständige Bedeutung besitzt, wird deutlich, dass jede Schule – auch die Selbstständige allgemeinbildende Schule oder die Selbstständige berufliche Schule nach §§ 127 d HSchG wie auch die rechtlich selbstständige berufliche Schule nach § 127 e ff HSchG – nicht im rechtsfreien oder organisationsfreien Raum stattfindet, sondern vor allem durch ihre Leitungskräfte in ein System von verbindlichen rechtlichen Regeln und hierarchischen Vorgaben eingebunden ist. So verstanden stellt die Selbstständigkeit von Schule lediglich eine Relationsverschiebung zum bisherigen Rechtszustand dar und beinhaltet gerade nicht eine vollständige Unabhängigkeit von Vorgaben Dritter.

Satz 3 ist Ausdruck praktischer Notwendigkeit, nach der eine sinnvolle pädagogische Arbeit zur Erfüllung des Bildungs- und Erziehungsauftrags nur im Zusammenwirken zwischen Schulleitung einerseits und Lehrkräften andererseits möglich ist. Jedes Gegeneinander oder Einzelkämpfertum wäre vielmehr für eine sinnvolle pädagogische Arbeit kontraproduktiv.

Satz 4 stellt eine Konkretisierung und Erweiterung der in § 88 Abs. 3 Nr. 3 HSchG allein dem Schulleiter zugewiesenen Aufgabe der Aufrechterhaltung der Ordnung in der Schule dar, indem hierfür durch die Mitglieder des Kollegiums jeweils für den von ihnen zu verantwortenden Bereich in Unterstützung des Schulleiters und eigenverantwortlich ihrerseits für die Aufrechterhaltung der Ordnung in der Schule zuständig sind.

§ 15 Abs. 3 [Vertretung nach außen]

Diese Regelung ist ausdrücklich als sinnvoll anzusehen, da der Schulleiter zur Erfüllung dieser Aufgaben allein kaum in der Lage sein und die einzelnen Lehrkräfte in dem von ihnen zu verantwortenden Zuständigkeitsbereich (z.B. bezüglich des Fehlverhalten eines Schülern während einer von der Lehrkraft geleiteten Unterrichtsstunde) eher die Möglichkeit des Eingreifens haben (z.B. in einer von ihm selbst gehaltenen Unterrichtsstunde) als dies dem Schulleiter selbst möglich wäre. Die Lehrkräfte nehmen diese Aufgabe gleichsam im unmittelbaren Zugriff anstelle des nach dem HSchG eigentlich zuständigen Schulleiters wahr. Insgesamt kann das der Dienstordnung zu Grunde liegende Strukturprinzip als Arbeitsteilung bei Wahrnehmung der Gesamtverantwortung des Schulleiters begriffen werden.

§ 15 Abs. 2 [Weisungsbefugnis]

Die Schulleiterin oder der Schulleiter ist als Vorgesetzte oder Vorgesetzter im Rahmen der Verwaltungsaufgaben und der dazu ergangenen Anordnungen der Schulaufsichtsbehörden und des Schulträgers sowie zur Ausführung von Konferenzbeschlüssen gegenüber den Lehrkräften, sozialpädagogischen Mitarbeiterinnen und Mitarbeitern sowie sonstigen, an der Schule tätigen Beschäftigten des Landes weisungsbefugt. Sie oder er ist als Vorgesetzte oder Vorgesetzter gegenüber dem der Schule zugewiesenen Verwaltungs- und Hauspersonal und den sonstigen Beschäftigten des Schulträgers in schulischen Angelegenheiten weisungsgefugt.

Erläuterungen:

Die in **Satz 1** beschriebene und der Regelung des § 88 Abs. 4 Satz 1 HSchG wörtlich entsprechende Vorgesetztenfunktion gegenüber den an der Schule tätigen Lehrkräften und sozialpädagogischen Mitarbeitern leitet sich zum einen aus seiner dienstrechtlichen Stellung nach § 3 Abs. 3 HBG und zum anderen aus seiner hierarchischen Stellung als Leiter der Dienststelle (= Behörde i.S.v. § 2 Abs. 4 HVwVfG) Schule ab. Diese Vorgesetztenfunktion weist ihm sowohl im Rahmen seiner ihm vom Gesetzgeber insbesondere in § 88 Abs. 2 und 3 HSchG zur Wahrnehmung übertragenen Aufgaben als auch bei der Ausführung von Entscheidungen der Schul- oder Gesamtkonferenz das Recht zu, die zur jeweiligen Aufgabenerfüllung erforderlichen Weisungen an das der Schule zugewiesene Personal im Landesdienst, d. h. die Lehrkräfte und sozialpädagogischen Mitarbeiter unabhängig von ihrem Beschäftigungsverhältnis zu erteilen.

In entsprechender Weise bestätigt **Satz 2** das in § 90 Abs. 1 Satz 2 HSchG enthaltene Weisungsrecht des Schulleiters gegenüber dem vom Schulträger der Schule zugewiesenen Personal wie Schulsekretärin, Schulhausverwalter und Schulassistenten.

Die in Satz 2 enthaltene Beschränkung des Weisungsrechts auf schulische Angelegenheiten entspricht der Rechtsstellung eines Vorgesetzten, dem für dienstliche und inhaltliche Angelegenheiten gegenüber seinen Mitarbeitern ein Weisungsrecht eingeräumt ist, nicht jedoch für dienstlich-persönliche Angelegenheiten. Hierfür bedarf es vielmehr der Stellung eines Dienstvorgesetzten nach § 3 Abs. 2 HGB, die dem Schulleiter nach § 16 DO ausschließlich für Lehrkräfte und sozialpädagogische Mitarbeiter im Beamtenverhältnis in Teilbereichen übertragen worden ist.

§ 15 Abs. 3 [Vertretung nach außen]

Die Schulleiterin oder der Schulleiter vertritt die Schule gegenüber der Öffentlichkeit; sie oder er ist dabei an die Beschlüsse der Schulkonferenz und der Gesamtkonferenz gebunden, die diese im Rahmen ihrer Zuständigkeit fassen. Wenn Angelegenheiten des Schulträgers berührt werden, erfolgt die Vertretung im Einvernehmen mit diesem. Die Schulleiterin oder der Schulleiter kann der Presse Auskünfte über Angelegenheiten der Schule erteilen; Satz 2 gilt entsprechend. Bei Angelegenheiten von übergeordneter Bedeutung hat sie oder er zuvor Rücksprache mit der Schulaufsichtsbehörde zu halten. Die Schul- oder Gesamtkonferenz können in Angelegenheiten, für die ihre Zuständigkeit

gegeben ist, Presseerklärungen abgeben. Die Pflicht zur Amtsverschwiegenheit bleibt unberührt.

Erläuterungen:

Die Regelung in **Satz 1, 1. Halbsatz** entspricht inhaltlich der Vorgabe in § 88 Abs. 3 Nr. 4 HSchG. Diese Aufgabenzuweisung ist selbstverständliche Folge der Stellung des Schulleiters als Leiter der Dienststelle Schule, wie es auch seiner dienstrechtlichen Stellung entsprechend § 50 HBG.

Die in **Satz 1, 2. Halbsatz** enthaltene Bindung bezüglich der Beachtung von Beschlüssen der Schul- oder Gesamtkonferenz, die diese im Rahmen ihrer Zuständigkeiten nach §§ 129 ff oder §§ 133 ff HSchG gefasst haben, entspricht der arbeitsteilig verfassten Zuständigkeitszuweisung innerhalb einer Schule, bei der die Zuständigkeitszuweisungen zwischen Schulleiter einerseits und Konferenz andererseits in wechselseitiger Balance wahrzunehmen sind.

Für den Fall nicht auflösbarer Divergenzen wegen rechtlicher oder pädagogischer Zweifel hat der Schulleiter nach § 87 Abs. 4 HSchG die Möglichkeit, einen entsprechenden Beschluss der Schul- oder einer Lehrerkonferenz zu beanstanden, die Konferenz erneut mit der Angelegenheit zu befassen und im Bestätigungsfall dem Staatlichen Schulamt zur Entscheidung vorzulegen. Von diesem Verfahren wird ein Schulleiter jedoch nur in solchen Fällen Gebrauch machen, in denen die Möglichkeiten schulinterner Klärung ausgeschlossen erscheinen. Dabei empfiehlt es sich zur Vermeidung weiterer Konflikte, vor einer förmlichen Beanstandung mit dem Staatlichen Schulamt informell die Erfolgsaussichten eines solchen Verfahrens abzustimmen.

Satz 2 entspricht der Ergänzung der Zuständigkeitsregeln in § 88 Abs. 3 Nr. 4 HSchG in Angelegenheiten des Schulträgers. Da der Schulleiter nach § 90 Abs. 1 Satz 1 HSchG das Schulvermögen (Gebäude, Anlagen und Einrichtung) im Auftrag des jeweiligen Schulträgers verwaltet, ist er folgerichtig verpflichtet, dass Erklärungen, die er im Zusammenhang mit diesen Angelegenheiten gegebenenfalls abzugeben beabsichtigt, nur mit Zustimmung des Schulträgers, dessen Rechte er vertritt, erfolgen dürfen. Der Schulleiter hat daher alle den Schulträger betreffenden öffentlichen Äußerungen vorher mit ihm abzustimmen. Eine weitergehende Berechtigung kann das Land Hessen als Dienstherr des Schulleiters in dieser DO nicht erteilen, da es nicht berechtigt ist, über die Rechte des Schulträgers zu verfügen.

Für Verlautbarungen gegenüber der Presse gilt nach **Satz 3** Entsprechendes.

In inneren Schulangelegenheiten – z. B. bezüglich Schülern, Lehrkräften, Schulveranstaltungen oder sonstigen pädagogischen Fragestellungen – ist der Schulleiter als Dienststellenleiter entsprechend § 50 HBG berechtigt, Auskünfte zu erteilen. Insoweit gilt die Genehmigung des Landes als Dienstherrn grundsätzlich – mit Ausnahme des **Satz 4** – als erteilt. Für den Rechtskreis des Schulträgers gilt entsprechend der Regelung im 2. Halbsatz, dass jede Schulträgerangelegenheiten berührende Presseverlautbarung des Schulleiters der vorherigen Zustimmung des Schulträgers bedarf.

Die allgemeine Genehmigung des Landes Hessen als Dienstherr zur Abgabe von Erklärungen gegenüber der Öffentlichkeit generell und der Presse speziell aus Satz 1 und 3 erfährt in Satz 4 eine – mit der Novellierung 2011 eingeführte – Klarstellung. Danach ist der Schulleiter verpflichtet, vor öffentlichkeits- oder pressewirksamen Erklärungen von übergeordneter Bedeutung mit dem für seine Schule zuständigen Staatlichen Schulamt Rücksprache zu halten.

Mit dieser Regelung soll sichergestellt werden, dass in Fragen, die nicht nur die einzelne Schule betreffen, sondern darüber hinausreichende Bedeutung besitzen, entsprechend abgestimmte Erklärungen an die Öffentlichkeit gegeben werden, die zur Klärung in der Sache und nicht zu deren Verunsicherung beitragen.

Diese Regelung stellt im Übrigen keine Einschränkung des Vertretungsrechts des Schulleiters für die von ihm geleitete Schule dar, denn insoweit ist er generell ermächtigt,

Erklärungen abzugeben. Lediglich in Fragen, die mehrere Schulen, einen ganzen Schulamtsbezirk oder das ganze Land betreffen, ist eine abgestimmte Äußerung erforderlich. Insoweit ist der Schulleiter nicht allein bezüglich der von ihm geleiteten Schule betroffen, sondern als Teil einer Mehrheit von Schulleitern, sodass auf eine Abstimmung unter den Betroffenen nicht verzichtet werden kann.

Satz 5 ergänzt die Vertretungszuständigkeiten der Schule um die Äußerungsmöglichkeiten der Schul- und Gesamtkonferenz in deren Angelegenheiten nach §§ 129 und 133 HSchG. In der Praxis hat dies zur Folge, dass der Schulleiter als Vorsitzender der Schul- und Gesamtkonferenz die von diesen Gremien gefassten Beschlüsse gegenüber Öffentlichkeit und Presse zu vertreten haben wird. Sofern er der Auffassung sein sollte, dass derartige Erklärungen ganz oder teilweise rechtswidrig sein sollten, wäre er entsprechend den Verfahrensregelungen des § 87 Abs. 4 HSchG verpflichtet und bei Bedenken aus pädagogischen Gründen berechtigt, das Beanstandungsverfahren einzuleiten (vgl. dazu oben).

Satz 6 enthält einen für alle Formen der Weitergabe personen- oder dienstbezogener Informationen geltenden Hinweis auf die dienstrechtlichen Verschwiegenheitspflichten nach § 37 BeamtStG für Beamte und nach § 3 Abs. 2 TV-H für Tarifbeschäftigte, nach dem alle Beschäftigten über dienstlich erlangte Informationen auch nach ihrem Ausscheiden aus ihrem Beschäftigungsverhältnis Stillschweigen zu wahren verpflichtet sind. Diese Regelung hat daher nur deklaratorische Bedeutung

§ 15 Abs. 4 [Verantwortung für Veranstaltungen]

Die Schulleiterin oder der Schulleiter trägt die Verantwortung für die Veranstaltungen der Schule sowie für solche, die mehrere Klassen oder Jahrgänge betreffen. Die Vorschriften über die Veranstaltungen der Schülervertretung blieben unberührt.

Erläuterungen:

Die in **Satz 1** beschriebene Verantwortung des Schulleiters für schulische Veranstaltungen, die mehr als eine Klasse betreffen, entspricht seiner aus § 87 Abs. 1 Satz 5 HSchG resultierenden Gesamtverantwortung für die von ihm geleitete Schule, während Veranstaltungen, die nur eine Klasse betreffen, zwar ebenfalls unter der Gesamtverantwortung des Schulleiters, aber in unmittelbarer Verantwortung des jeweiligen Klassenlehrers nach § 9 Abs. 3 DO durchgeführt werden können.

Der in **Satz 2** enthaltene Hinweis auf die besonderen Regelungen über Veranstaltungen der Schülervertretung zielt darauf ab, dass Veranstaltungen der Schülervertretungen nach § 121 Abs. 2 Satz 2/3 HSchG i. V. m. § 26 SVVO zwar in deren Verantwortung durchgeführt werden, die Gesamtverantwortung des Schulleiters jedoch bestehen bleibt, da es sich insoweit um Schulveranstaltungen handelt. Lediglich eigene Veranstaltungen der Schülervertretung i. S. v. § 121 Abs. 4 HSchG, die ausdrücklich nicht als Schulveranstaltungen geplant sind, finden außerhalb der Gesamtverantwortung des Schulleiters statt.

§ 15 Abs. 5 [Elternbesuch im Unterricht]

Die Schulleiterin oder der Schulleiter kann gestatten, dass Eltern und andere Personen die Schule besichtigen und dass sie mit Zustimmung der unterrichtenden Lehrkraft deren Unterricht besuchen.

Erläuterungen:

Diese Regelung stellt vorrangig eine sinngemäße Wiedergabe der bereits in § 72 Abs. 2 Satz 2 HSchG enthaltenen Berechtigung der Eltern dar, den Unterricht ihrer Kinder in der Primar- und Sekundarstufe I besuchen zu dürfen. Hierfür ist sowohl die Zustimmung der betroffenen Lehrkraft als auch das Einverständnis der Schulleiters erforderlich.

Diese Berechtigung, den Unterricht ihrer Kinder besuchen zu dürfen, hat zum Ziel, den Eltern einen Einblick in das Leistungsvermögen und Verhalten ihrer Kinder im Unterricht zu geben und ist damit Teil der Verwirklichung des elterlichen Informationsanspruchs und der schulischen Informationspflicht, deren wechselseitige Wahrnehmung zur Erfüllung des Bildungs- und Erziehungsauftrags der Schule unabdingbar ist.

In der Praxis wird darauf zu achten sein, dass von dem Instrument des Elternbesuchs im Unterricht mit der gebotenen Zurückhaltung Gebrauch gemacht wird, um die mit derartigen Unterrichtsbesuchen in der Regel verbundenen Störungen möglichst gering zu halten. Dabei ist auch zu berücksichtigen, dass den Eltern lediglich ein Informationsanspruch, nicht aber ein Aufsichtsrecht gegenüber den Lehrkräften zusteht.

§ 15 Abs. 6 [Besetzung von Funktionsstellen]

Bei der Besetzung von Funktionsstellen nimmt die Schulleiterin oder der Schulleiter einer selbstständigen Schule oder einer selbstständigen beruflichen Schule nach § 127 d des Schulgesetzes oder einer rechtlich selbstständigen beruflichen Schule nach § 127 e des Schulgesetzes als Mitglied an Überprüfungsverfahren teil. Vor der von der zuständigen Schulaufsichtsbehörde zu treffenden Auswahlentscheidung wird ihr oder ihm der Auswahlbericht zur Stellungnahme zugeleitet; diese innerhalb von 2 Wochen abzugebende Stellungnahme kann einen Auswahlvorschlag enthalten. Eine Abweichung von dem Auswahlvorschlag der Schulleiterin oder des Schulleiters durch die Schulaufsichtsbehörde ist gegenüber ihr oder ihm zu begründen.

Erläuterungen:

Mit dieser im Zuge der Novellierung 2011 eingefügten Vorschrift werden die Mitwirkungsrechte des Schulleiters einer selbstständigen Schule oder selbstständigen beruflichen Schule nach § 127 d HSchG oder einer rechtlich selbstständigen beruflichen Schule nach § 127 e HSchG im Personalbereich deutlich erweitert.

In der Vergangenheit war der Schulleiter bei der Durchführung von Stellenbesetzungsverfahren, die Stellen an der von ihm geleiteten Schule zum Gegenstand hatten und die nicht nach Aktenlage, sondern nach Durchführung eines Überprüfungsverfahrens entschieden wurden, lediglich „Gast im eigenen Haus". Er konnte – je nach Entscheidung des das Verfahren führenden Schulaufsichtsbeamten – lediglich als interessierter Beobachter zur Teilnahme an den Überprüfungsverfahren eingeladen werden, ohne jedoch ein – wie auch immer geartetes – förmliches Beteiligungsrecht zu besitzen. Seine Einflussmöglichkeiten bei dieser Verfahrensgestaltung waren naturgemäß gering.

Nunmehr ist nach **Satz 1** für den Schulleiter einer selbstständigen Schule oder selbstständigen beruflichen Schule nach § 127 d HSchG oder einer rechtlich selbstständigen beruflichen Schule nach § 127 e HSchG ausdrücklich vorgesehen, dass er Mitglied der Kommission ist, die an der von ihm geleiteten Schule ein Überprüfungsverfahren zur Besetzung eines Stelle an dieser Schule durchführt. Dies gilt auch in den Fällen, in denen sowohl Haus- als auch Fremdbewerbungen vorliegen und das Überprüfungsverfahren zur Sicherstellung größtmöglicher Objektivität und Chancengerechtigkeit an einer dritten Schule, von der keiner der Bewerber kommt, durchgeführt wird.

Zur Vermeidung von Missverständnissen ist darauf hinzuweisen, dass es ein Überprüfungsverfahren als Teil eines Auswahlverfahrens nach der ständigen Rechtsprechung der Verwaltungsgerichte (so ausdrücklich VG FFM vom 23. 8. 2001, Az.: 9 G 908/01 (1)) und nach Ziffer 6.1 des Erlasses über Ausschreibungs- und Auswahlverfahren zur Besetzung von Stellen vom 22. 11. 2001 (ABl. 2001 S. 8) nur dann durchgeführt werden darf, wenn das zuvor durchzuführende Verfahren zur Auswertung der Personalakten und dienstlichen Beurteilungen der Bewerber keinen signifikanten Vorsprung eines Bewerbers ergeben hat.

Nach **Satz 2** ist darüber hinaus vorgesehen, dass der Auswahlbericht, den der verfahrensführende Schulaufsichtsbeamte anzufertigen hat, unabhängig davon, ob ein Überprüfungsverfahren stattgefunden hat oder eine Entscheidung nach Aktenlage getroffen werden konnte, dem Schulleiter zur Stellungnahme vorzulegen ist, bevor eine Auswahlentscheidung durch den Leiter der zuständigen Schulaufsichtsbehörde getroffen wird. Der Schulleiter hat das Recht, innerhalb von 14 Tagen nach Erhalt des Auswahlberichts eine eigene Stellungnahme abzugeben, die einen eigenen Auswahlvorschlag enthalten kann, der von dem der Schulaufsichtsbehörde abweichen kann.

Sofern die Schulaufsichtsbehörde dem Auswahlvorschlag des Schulleiters nicht zu folgen beabsichtigt, hat sie dies nach **Satz 3** gegenüber dem Schulleiter zu begründen.

Welche praktische Bedeutung diese Zuständigkeitserweiterung des Schulleiters einer selbstständigen Schule oder selbstständigen beruflichen Schule nach § 127 d HSchG oder einer rechtlich selbstständigen beruflichen Schule nach § 127 e HSchG bei künftigen Stellenbesetzungsverfahren in der von ihm geleiteten Schule haben wird, bleibt abzuwarten.

Da diese Zuständigkeitserweiterung ausdrücklich auf den Kreis der Schulleiter von einer selbstständigen Schule oder selbstständigen beruflichen Schule nach § 127 d HSchG oder einer rechtlich selbstständigen beruflichen Schule nach § 127 e HSchG beschränkt ist, ist zunächst nur mit einem überschaubaren Kreis von Schulleitern zu rechnen, denen dieses Recht eingeräumt ist.

Darüber hinaus wird es sich in der Praxis eher um eine formale Zuständigkeitserweiterung handeln, da auch in der Vergangenheit bei kooperativ handelnden Schulaufsichtsbeamten die von diesen durchzuführenden Auswahl- und Überprüfungsverfahren nicht ohne ein inhaltlich-kollegiale Einbeziehung des Schulleiters durchgeführt worden sind, sodass eine Entscheidung über die Besetzung einer Funktionsstelle an einer Schule gegen den Willen des Schulleiters eher die Ausnahme dargestellt haben dürfte.

Schließlich bleiben auch mit dieser Zuständigkeitserweiterung die Einflussmöglichkeiten des Schulleiters auf die Durchführung und Entscheidung von Verfahren zur Besetzung von Funktionsstellen an der von ihm geleiteten Schule eher begrenzt, da eine Beteiligung bei der Erstellung des Stellen- und Anforderungsprofils und der Auswahlentscheidung nach Aktenlage ausdrücklich nicht vorgesehen ist.

§ 16 [Dienstvorgesetze/r]

Die Schulleiterin oder der Schulleiter nimmt gegenüber den Lehrkräften in folgenden Fällen Aufgaben einer Dienstvorgesetzten oder eines Dienstvorgesetzten wahr:

1. **Entgegennahme eines Entlassungsantrags nach § 41 HBG,**
2. **Erklärung über die Dienstunfähigkeit, sofern die Beamtin oder der Beamte schriftlich ihre oder seine Versetzung in den Ruhestand nach § 26 Abs. 1 des Beamtenstatusgesetzes beantragt oder dieser schriftlich zustimmt (§ 52 Abs. 1 HBG),**
3. **Abnahme des Diensteides oder des Gelöbnisses (§ 72 HBG),**
4. **Herausgabe von amtlichen Schriftstücken nach Beendigung des Dienstes (§ 75 HBG i. V. m. § 37 Abs. 6 des Beamtenstatusgesetzes),**
5. **Untersagung einer nicht genehmigungspflichtigen Nebentätigkeit ganz oder teilweise, wenn die Beamtin oder der Beamte bei ihrer Ausübung dienstliche Pflichten verletzt (§ 80 Abs. 3 Satz 4 HBG),**
6. **Genehmigung des Fernbleibens vom Dienst (§ 86 Abs. 1 HBG),**
7. **Genehmigung von Dienstbefreiung bis zu 14 Werktagen (§ 16 der Urlaubsverordnung für die Beamtinnen und Beamten im Lande Hessen),**
8. **Erteilung von Dienstzeugnissen auf Antrag der Beamtin oder des Beamten (§ 109 HBG) sowie dienstliche Beurteilungen zur Vorbereitung von beamtenrechtlichen Entscheidungen**
9. **Entgegennahme der Meldung von Unfallfürsorgeansprüchen (§ 45 Abs. 1 Satz 1 des Hessischen Beamtenversorgungsgesetzes in der Fassung vom 28. Januar 2011 (GVBl. I S. 98)),**

10. Mündliche oder schriftliche missbilligende Äußerungen (Zurechtweisungen, Ermahnungen, Rügen oder dergleichen), die nicht ausdrücklich als Verweis bezeichnet werden (§ 9 Satz 2 des Hessischen Disziplinargesetzes) und die Entscheidung über Dienstaufsichtsbeschwerden über Lehrkräfte. Die Durchschrift einer schriftlichen Missbilligung und der Entscheidung über die Dienstaufsichtsbeschwerde ist der die Personalakte führenden Schulaufsichtsbehörde vorzulegen.

Erläuterungen:

In § 15 DO sind die aus der Stellung des Schulleiters als Vorgesetzter gegenüber den an der von ihm geleiteten Schule abgeleiteten Zuständigkeiten und Kompetenzen dargestellt worden. Demgegenüber beschreibt der durch die Novelle 1998 eingefügte § 16 DO die dem Schulleiter darüber hinaus übertragenen Teilkompetenzen aus dem Bereich des Dienstvorgesetzten. Die im Text der Dienstordnung aufzunehmenden Verweise auf das HBG in der nach dem zweiten Dienstrechtsmodernisierungsgesetz zum 1.3.2014 in Kraft getretenen Fassung (GVBl. 2013, 218) bedürfen einer Änderung des Verordnungstextes, in der Kommentierung sind die aktuellen Vorschriften des HBG jeweils aufgeführt.

Den Dienstvorgesetzten zeichnet gemäß § 3 Abs. 3 HBG aus, dass er für beamtenrechtliche Entscheidungen über die persönlichen Angelegenheiten der ihm nachgeordneten Beamten zuständig ist. Dies bedeutet grundsätzlich, dass mit der Dienstvorgesetzteneigenschaft weitere aus dem Beamtenverhältnis der der Einzelschule zugewiesenen Lehrkräfte herrührende Kompetenzen verbunden sind, die über die bloße Vorgesetztenfunktion hinausreichen.

In Hessen hat man sich von der Grundüberlegung leiten lassen, nur die Teile der Dienstvorgesetztenfunktion auf den Schulleiter zu übertragen, die Angelegenheiten des Schulalltags betreffen und bei denen durch die Übertragung eine erkennbare Beschleunigung der Bearbeitung zu erwarten war. Von einer vollständigen Übertragung aller Kompetenzen des Dienstvorgesetzten – wie z.B. die Maßnahmen, die mit der Beendigung des Beamtenverhältnisses in Zusammenhang stehen – wurde daher abgesehen. Denn dies hätte sowohl die personellen als auch die verwaltungsmäßigen Ressourcen des einzelnen Schulleiters erheblich überfordert. Diese an Eigenschaft des Schulleiters als Dienstvorgesetzter anknüpfenden Zuständigkeiten sind nur im Falle seiner Verhinderung auf den stellvertretenden Schulleiter, nicht aber auf sonstige Mitglieder der Schulleitung übertragbar. Demgegenüber sind alle nur an die Vorgesetztenfunktion des Schulleiters anknüpfenden Zuständigkeiten innerhalb des Kreises der Schulleitung delegationsfähig (vgl. z.B. die Führung von Mitarbeitergesprächen nach § 17 Abs. 6 DO).

Zu Nr. 1. Die praktische Bedeutung dieser Regelung, die nunmehr in § 29 HBG zu finden ist, ist nach den Erfahrungen des Verfassers gering einzuschätzen, da Entlassungen von Lehrkräften im Beamtenverhältnis auf deren eigenen Antrag nur sehr selten vorkommen.

Zu Nr. 2. Nach dieser Vorschrift (vgl. § 26 Abs. 4 Satz 1 HBG neu) ist der unmittelbare Dienstvorgesetzte berechtigt, die Dienstunfähigkeit eines Beamten zu erklären, der dies selbst unter Vorlage eines entsprechenden Attestes eines Arztes oder Amtsarztes beantragt. Die praktische Relevanz dieser Regelung ist nicht sehr hoch, besondere Vorkenntnisse zu ihrer Ausübung sind ebenfalls nicht erforderlich, zumal gemäß § 26 Abs. 4 Satz 2 HBG das Staatliche Schulamt als die über die Ruhestandsversetzung entscheidende Behörde nicht an die Erklärung des Schulleiters gebunden ist.

Zu Nr. 3. Diese Kompetenz (vgl. § 38 BeamtStG i.V.m. § 47 HBG neu) wurde von den Schulleitern schon bisher – wenn auch jeweils im Auftrag des zuständigen Staatlichen Schulamtes – z.B. bei Neueinstellungen – ausgeübt, sie kann ohne großen Aufwand wahrgenommen werden. Mit dieser Änderung ist eine gewisse Verringerung des Verwaltungsaufwands sowohl bei den Staatlichen Schulämtern als auch bei den betroffenen Lehrkräften sowie eine frühere Einbindung in die neue Dienststelle/Schule verbunden. Die Bedeutung der Ableistung des Diensteids liegt zum einen in der Bekräftigung der Verpflichtung auf das neu begründete Dienst- und Treueverhältnis und zum anderen in der negativen Rechtsfolge bei der Verweigerung der Ablegung des Eides, der nach § 38 BeamtStG die Entlassung zu folgen hat.

Zu Nr. 4. Diese Regelung besitzt nur eine geringe praktische Bedeutung für den Schulbereich, da nur wenige Fälle denkbar sind, in denen ausscheidende Lehrkräfte überhaupt herausgabepflichtige amtliche Schriftstücke besitzen. Bedeutsam dürfte allenfalls die durch die Nutzung privater Rechner für dienstliche Anlässe erforderlich werdende Verpflichtung ausscheidender Lehrkräfte, alle schülerbezogenen Daten von seinem privaten Rechner zu löschen.

Zu Nr. 5. Diese Regelung (vgl. § 74 Abs. 4 HBG neu) besitzt besonders an beruflichen Schulen, an denen die meisten Nebentätigkeiten von Lehrkräften ausgeübt werden, eine gewisse Bedeutung, wenn nicht mehr hinnehmbare Pflichtenkollisionen zwischen der Wahrnehmung von Haupt- und Nebenamt auftreten sollten. Auch wenn dies voraussichtlich nur Einzelfälle betreffen wird, verbirgt sich dahinter – je nach Einsichtsfähigkeit der betroffenen Lehrkraft – ein nicht unerhebliches Konfliktpotential, das dem Schulleiter erhebliche Führungskompetenz gepaart mit Einfühlungsvermögen abverlangt.

Dies bedeutet, dass der Schulleiter zunächst die begangenen Pflichtverstöße erkennen und dokumentieren muss, um sie im Bestreitensfall nachweisen zu können.

Typischerweise ergibt sich der Konflikt zwischen Haupt- und Nebentätigkeit aus einer zu großen zeitlichen Inanspruchnahme durch die Nebentätigkeit zu Lasten des Hauptamtes. Dies tritt z.B. durch die Abwesenheit bei nichtunterrichtlichen dienstlichen Verpflichtungen wie Konferenzen o.ä. zu Tage, was sich regelmäßig ohne Schwierigkeiten erfassen lässt. Besonders problematisch sind aber die Fälle, in denen die Inanspruchnahme durch die Nebentätigkeit zu einer meist erst längerfristig wirksam werdenden Verschlechterung der Unterrichtstätigkeit der Lehrkraft führt. Dies ist weder zeitnah zu erkennen, noch eindeutig ursächlich zuzuordnen.

Selbst wenn die notwendige Dokumentation der Vernachlässigung des Hauptamtes (=der Unterrichtserteilung) gelingen sollte, ist damit nicht in jedem Fall ein Pflichtverstoß verbunden.

Denn für bestimmte Nebentätigkeiten – insbesondere im Rahmen der Übernahme politischer Mandate oder staatsbürgerlicher Pflichten als Schöffe o.ä. – besteht gegenüber dem Dienstherrn ein Freistellungsanspruch, so dass für eine Untersagung keine Möglichkeit gegeben ist.

Eine solche Maßnahme kommt daher nur in den Fällen sonstiger Nebentätigkeiten, deren Wahrnehmung das Hauptamt in übermäßiger Weise belastet – z.B. bei Vortrags- oder sonstigen Lehrtätigkeiten außerhalb der Schule -, in Betracht.

Zu Nr. 6./7. Diese Regelungen (vgl. § 68 Abs. 1 Satz 1 HBG neu) stellen gemessen an der Sachnähe der Schulleiters zu seinen Kollegen eine vernünftige Übertragung dar, da der Schulleiter auf Grund seiner Personalkenntnis über die Lehrkräfte seiner Schule die Voraussetzungen zur Genehmigung in der Regel besser beurteilen kann als eine vorgesetzte Dienstbehörde, die bei ihrer Entscheidung ohnehin auf die Informationen des Schulleiters angewiesen sein wird.

In der Praxis möglicherweise schwierig erweist sich die Abwägung zwischen der Berechtigung des Befreiungswunsches und den gegebenenfalls entgegenstehenden dienstlichen Notwendigkeiten. Soweit einzelne Befreiungstatbestände tarifvertraglich in § 29 TV-H oder gesetzlich nach SGB VII oder der VOMuSchB festgelegt sind, besteht auf ihre Erteilung im Regelfall ein vom Schulleiter zu erfüllender Anspruch, was jedoch regelmäßig Konsequenzen bezüglich der Unterrichtsversorgung der von dem Ausfall der befreiten Lehrkraft sonst zu unterrichtenden Klassen zur Folge hat. Insoweit handelt es sich aber um eine Schulleitern geläufige Problematik, die lediglich wegen des quantitativen Kompetenzzuwachses verstärkt wird.

Bei allen sonstigen, nicht im Detail geregelten Befreiungstatbeständen dürfte die vom Schulleiter vorzunehmende Abwägung meist zu Lasten der Befreiung und zu Gunsten der Dienstleistung vorgenommen werden.

Sofern der Schulleiter in Einzelfällen beabsichtigen sollte, derartigen Anträgen zu entsprechen, dürfte dies nur unter Beachtung von Kompensationsregelungen und Gleichbehandlungsgrundsätzen möglich sein.

Zu Nr. 8. Mit dieser Regelung (vgl. § 59 HBG neu) wird einer in wesentlichen Teilen schon bisher zu beobachtenden Praxis Rechnung getragen. Denn in vielen Fällen war es längst üblich, dass der zuständige Schulaufsichtsbeamte sich vom Schulleiter eine Beurteilung über einen Bewerber auf Grund eines von ihm durchgeführten Unterrichtsbesuchs zuarbeiten ließ und diese – sofern inhaltlich nachvollziehbar – als seine eigene übernahm. Nunmehr erstellt der Schulleiter diese Beurteilung in eigener Zuständigkeit und Verantwortung.

Dies bedeutet, dass er nicht nur alle für die Beurteilung relevanten Daten zu ermitteln, im Zeugnis wiederzugeben und entsprechend zu würdigen hat, sondern dies auch gegenüber der Lehrkraft zu begründen und zu vertreten hat.

Daraus folgt insbesondere, dass er in der Lage sein muss, die von der Lehrkraft nicht als positiv empfundenen und von ihm auch nicht so gemeinten Teile seiner Beurteilung auf Nachfrage zu erläutern und zu belegen.

Dies erfordert vom Schulleiter einerseits die Bereitschaft, ehrlich und offen erkannte Defizite anzusprechen und andererseits die Fähigkeit, diese Feststellungen und Wertungen auch gegenüber zu erwartenden Angriffen durchzuhalten. M.a.W. hier werden vom Schulleiter klassische Führungsqualitäten im Sinne der Leistungsbewertung und -beurteilung erwartet.

Dabei gilt auch nach dem zweiten Dienstrechtsmodernisierungsgesetz gemäß § 46 Abs. 1 Satz 2 HLVO für dienstliche Beurteilungen für Lehrkräfte nicht das in § 59 Abs. 1 Satz 1 HBG i.V.m. § 39 Abs. 1 Satz 1 HLVO verankerte Prinzip der Regelbeurteilung. Allerdings ist das Hessische Kultusministerium nach § 46 Abs. 2 HLVO verpflichtet, für diesen Personenkreis eigene Regeln vorzulegen. Dieser Verpflichtung ist das Hessische Kultusministerium zwischenzeitlich nachgekommen, indem mit Wirkung zum 1.8.2015 die Richtlinien für dienstliche Beurteilungen für Lehrkräfte in Kraft getreten sind, die das Verfahren bei Anlassbeurteilungen für Lehrkräfte im Einzelnen regeln (vgl. ABl. 2015 S. 374).

Zu Nr. 9. Diese Vorschrift entspricht dem Fürsorgeprinzip, wonach der unmittelbare Dienstvorgesetzte bei Unfällen des Beamten für diesen tätig zu werden hat. Besondere Probleme bei der Wahrnehmung dieser Funktion sind nicht zu erkennen.

Zu Nr. 10. Die Übertragung dieser Zuständigkeit korrespondiert mit der in Ziffer 8 beschriebenen Regelung.

Wer berechtigt ist, das dienstliche Leistungsvermögen eines ihm nachgeordneten Beamten in Beurteilungen und Zeugnissen zu würdigen, muss auch in der Lage sein, bei erkannten kleineren dienstlichen Verfehlungen unmittelbar regelnd einzugreifen.

Die hier vorgenommene förmliche Kompetenzzuweisung trägt daher nicht nur einem praktischen Bedürfnis Rechnung, sondern entspricht zumindest bei mündlichen Rügen der schon seither geübten Praxis, nach der Schulleiter im Rahmen seiner Vorgesetztenfunktion gegenüber ihm nachgeordneten Lehrkräften unmittelbar mündliche Hinweise auf die Rechtslage oder ähnliches erteilt. Insoweit findet lediglich eine Erweiterung dieser Kompetenz auf schriftliche Rügen bis hin zu förmlichen Missbilligungen statt.

Dabei stellen Belehrungen, Rügen oder ähnliche Äußerungen des unmittelbaren Dienstvorgesetzten keine Verwaltungsakte i.S.v. § 35 HVwVfG, sondern lediglich formlose und mit einer ebenfalls formlosen Beschwerde beim zuständigen Staatlichen Schulamt anfechtbare interne Organisationsakte dar, während die Missbilligung die Rechtsnatur eines bis zum Verwaltungsgericht anfechtbaren Verwaltungsaktes besitzt.

In allen Fällen ist es seitens des Schulleiters zunächst erforderlich, dass er den Sachverhalt umfassend ermittelt, der Lehrkraft nach § 28 HVwVfG Gelegenheit gibt, sich zu den ihr gegenüber erhobenen Vorwürfen zu äußern und eine dienstrechtliche Würdigung vorzunehmen, die je nach Schwere des Vorwurfs zu einer mündlichen oder schriftlichen Sanktion führen kann.

Bewusst abgesehen wurde von einer Übertragung echter Disziplinarbefugnisse auf den Schulleiter, wofür mehrere Gründe maßgeblich sind.

Zum einen besteht die Gefahr, dass auf Grund der durch die Zusammenarbeit innerhalb derselben Schule gegebenen Personal- und Sachnähe die objektive Durchführung eines solchen Verfahrens zumindest erheblich erschwert wird.

Zum anderen dürfte die nach den zwingenden Regeln des Disziplinarrechts erforderliche Formalisierung die Kenntnisse des Schulleiters in den meisten Fällen überfordern.

Schließlich ist zu berücksichtigen, dass der beschuldigte Beamte in jedem Verfahrensstadium berechtigt ist, sich eines Rechtsanwalts als Bevollmächtigtem zu bedienen, wodurch der Grundsatz der „Waffengleichheit" zu Lasten des Schulleiters erheblich beeinträchtigt sein dürfte.

Ein praktisches Problem dürfte zudem bei Beschwerden gegenüber Handlungen von Lehrkräften die Abgrenzung zwischen dienstaufsichtlichen und fachaufsichtlichen Maßnahmen darstellen, da für letztere weiterhin die Zuständigkeit des Staatlichen Schulamtes gegeben ist.

Insgesamt ist zu dem Katalog der durch § 16 DO übertragenen Dienstvorgesetztenfunktionen zu bemerken, dass diese bis auf die Ziffern 8 und 10 und mit Einschränkungen auch bei Ziffer 5 ohne große Probleme wahrgenommen werden können. Insoweit sind diese Übertragungen auch mit Blick auf die damit verbundenen Entlastungen der Staatlichen Schulämter uneingeschränkt zu begrüßen.

Bereits die jetzt übertragenen Kompetenzen erfordern im Übrigen die Notwendigkeit der Führung einer Personalteilakte durch den Schulleiter, in der dieser personenbezogen oder chronologisch alle bei ihm entstandenen oder ihm von der Schulaufsicht zugehenden Vorgänge seiner Mitarbeiter ablegt. Dies stellt auch eine Erhöhung des von der Schule zu leistenden Verwaltungsaufwands dar.

Hierzu gehört auch die Verpflichtung, von allen in die Teilakte aufzunehmenden Entscheidungen des Schulleiters ein Doppelexemplar dem zuständigen Staatlichen Schulamt zuzuleiten, damit die dort geführte Personalgrundakte jederzeit dem Grundsatz der Vollständigkeit genügen kann.

In der Übergangszeit lag zwar ein erhöhter Beratungs- und Fortbildungsbedarf bei den Schulleitern – aber auch bei den Staatlichen Schulämtern – vor, dies war jedoch eine bei jeder Aufgabenübertragung zu beobachtende Folgeerscheinung, die nicht von Dauer war.

§ 17 Abs. 1 [Aufgabe im pädagogischen Bereich]

Die Schulleiterin oder der Schulleiter soll neue Erkenntnisse und Ergebnisse der Fach-, Erziehungs-, Arbeits- und Gesundheitswissenschaften, auch für die Entwicklung, Fortschreibung und Umsetzung des Schulprogramms, in die schulische Arbeit einbringen, hierbei Anregungen der Konferenzen und Lehrkräfte berücksichtigen und entsprechende Beschlüsse der Schul- und Gesamtkonferenz durchführen. Schulleiterin oder Schulleiter und Schul- und Gesamtkonferenz sorgen für die Zusammenarbeit der Lehrkräfte und fördern alle Maßnahmen, die geeignet sind, den Lehrkräften Einblick in die Gesamtarbeit der Schule zu vermitteln. Die Schulleiterin oder der Schulleiter informiert die Schul- und Gesamtkonferenz über die Ergebnisse von Schulleiterdienstbesprechungen und Besprechungen mit dem Schulträger, dem Schulelternbeirat und dem Schülerrat.

Erläuterungen:

Satz 1 stellt eine Erweiterung der in § 88 Abs. 2 HSchG beispielhaft aufgeführten Aufgaben des Schulleiters im pädagogischen Bereich dar. Die Vorschrift ist Ausdruck der Gesamtverantwortung des Schulleiters nicht nur – wie in §§ 15/16 DO – der dienst- und verwaltungsmäßigen Verantwortung für die von ihm geleitete Schule, sondern beschreibt seine pädagogische Führungsaufgabe.

Nur wenn es dem Schulleiter gelingt, seiner Führungsrolle nicht nur in Organisation und Verwaltung, sondern vor allem in der pädagogischen Entwicklung der Schule wahrzunehmen, indem er unter anderem Impulse setzt, Informationen und Erkenntnisse zur Verfügung stellt, Anregungen der Schul- und Gesamtkonferenz und der Lehrkräfte aufgreift und verstärkt sowie die zur Schulentwicklung erforderlichen Beschlüsse der Schul- und Gesamtkonferenz herbeiführt, kann die Weiterentwicklung der Schule im pädagogischen Kernbereich gelingen. Dies gilt insbesondere für die mit §§ 127 c ff HSchG verbundenen Möglichkeiten, die schulische Arbeit eigenverantwortlich im Rahmen von selbstständigen allgemeinbildenden oder beruflichen Schulen gestalterisch zu erweitern und den damit verbundenen Verpflichtungen zur Einführung eines zertifizierbaren Qualitätsentwicklungssystems.

Hierzu gehört auch die in **Satz 2** beschriebene gemeinsame Aufgabe von Schulleiter einerseits und Schul- und Gesamtkonferenz andererseits, die Zusammenarbeit der Lehrkräfte untereinander zu fördern. Dies schließt vor allem die Sicherstellung der Informationen aller Lehrkräfte über die pädagogische Arbeit der Schule insgesamt ein. Denn nur wenn alle Lehrkräfte über die Vorhaben der Schule jeweils auf dem aktuellen Informationsstand sind, können sie mit Aussicht auf Erfolg an den schulischen Entwicklungsprozessen teilhaben und sie entsprechend fördern.

Diesem Informationszweck dient auch die in **Satz 3** aufgestellte Verpflichtung, die Schul- und Gesamtkonferenz über die wesentlichen Inhalte von Dienstbesprechungen, die der Schulleiter mit der Schulaufsicht, dem Schulträger sowie dem Schulelternbeirat und der Schülervertretung geführt hat, zu informieren. Diese Informationspflicht kann zum einen durch die Zurverfügungstellung von Protokollen, vor allem aber durch mündliche Information auf den Konferenzen sichergestellt werden, weil auf diese Weise die Möglichkeit zur Nachfrage für die Konferenzmitglieder und damit zur zielgerichteten Information eher gegeben ist.

§ 17 Abs. 2 [Aus- und Fortbildung aller Lehrkräfte]

Die Schulleiterin oder der Schulleiter soll die Ausbildung der nicht voll ausgebildeten Lehrkräfte und die Fort- und Weiterbildung aller Lehrkräfte fördern und unterstützen. Sie oder er ermöglicht unter Berücksichtigung des Fortbildungsplans der Schule die Teilnahme an Fortbildungsveranstaltungen, kann aber Lehrkräfte erforderlichenfalls auch zur Wahrnehmung von bestimmten Fortbildungsveranstaltungen verpflichten, die für die Qualität und Organisation in der Schule notwendig sind. Die Fortbildung soll in der unterrichtsfreien Zeit stattfinden.

Erläuterungen:

Diese Vorschrift beschreibt die Führungsverantwortung des Schulleiters im Bereich der Personalentwicklung bezogen auf Aus- und Fortbildung aller Lehrkräfte an der von ihm geleiteten Schule einschließlich der der Schule zur Ausbildung zugewiesenen Lehrkräfte im Vorbereitungsdienst.

Satz 1 stellt – wie bisher – die generelle Verpflichtung des Schulleiters zur Förderung der Ausbildung der Lehrkräfte im Vorbereitungsdienst nach den §§ 35 ff HLBG und zur Fort- und Weiterbildung der hauptamtlichen Lehrkräfte dar.

In **Satz 2** wird diese allgemeine Pflicht des Schulleiters, Fortbildung zu ermöglichen und zu fördern in den notwendigen schulischen Zusammenhang gestellt, indem er dafür sorgen soll, dass die Lehrkräfte vorrangig solche Fortbildungsveranstaltungen besuchen, die in den Fortbildungsplan der Schule mit dem Ziel aufgenommen worden sind, die Entwicklung der Schule zu fördern.

Daneben ist der Schulleiter aber im Rahmen seiner Vorgesetztenfunktion nach § 3 Abs. 3 Satz 2 HBG und § 88 Abs. 2 Satz 2 Nr. 5 HSchG auch berechtigt, einzelne Lehrkräfte gezielt zum Besuch bestimmter Fortbildungsveranstaltungen zu verpflichten. Dies ist sowohl aus dem in § 17 Abs. 2 Satz 2 DO genannten Ziel, die Qualitäts- und Organisationsentwicklung der Schule zu fördern als auch zur Weiterentwicklung der Unterrichtsqualität der einzelnen Lehrkraft zulässig. Denn die Lehrkräfte sind nach § 86 Abs. 2 Satz 3 HSchG, § 4 Abs. 6 DO, §§ 66 ff HLBG und §§ 83 ff HLBGDV zur regelmäßigen Fortbildung verpflichtet. Dazu gehört auch, der Weisung des Schulleiters zu folgen und konkret angeordnete Fortbildungsveranstaltungen zu besuchen, auch wenn nicht verkannt werden soll, dass die angeordnete Teilnahme an Fortbildungsveranstaltungen in der Regel nur begrenzte Fortschritte bei der Qualitätsentwicklung der einzelnen Lehrkraft zur Folge haben wird.

Die in **Satz 3** aufgestellte Regel, dass Fortbildungsveranstaltungen vorrangig in der unterrichtsfreien Zeit stattfinden sollen, ist Ausdruck einer seit einiger Zeit zu beobachtenden Entwicklung, die Teilnahme von Lehrkräften an Fortbildungsveranstaltungen möglichst ohne Beeinträchtigung des Unterrichtsbetriebs zu organisieren. Dies schließt jedoch nicht aus, dass spezielle Fortbildungsveranstaltungen, die während der Unterrichtszeit stattfinden, auch weiterhin besucht werden dürfen. Dies dürfte insbesondere dann gelten, wenn zu diesem Angebot keine vernünftige Alternative außerhalb der Unterrichtszeit vorhanden ist.

§ 17 Abs. 3 [Plan für die Unterrichtsverteilung]

Die Schulleiterin oder der Schulleiter stellt unter Beachtung der im Schulprogramm vereinbarten Zielsetzungen nach den Grundsätzen der Gesamtkonferenz, die nach den Erfordernissen des Unterrichts festzulegen sind, den Plan für die Unterrichtsverteilung sowie den Stunden-, Aufsichts- und Vertretungsplan auf. In besonders begründeten Ausnahmefällen oder auf eigenen Wunsch der Lehrkraft kann die Schulleiterin oder der Schulleiter ihr im Rahmen ihres Lehramtes oder ihrer Lehrbefähigung Unterricht auch in Fächern übertragen, für die sie nicht ausgebildet ist; ihr darf Unterricht, der mit besonderen Unfallgefahren verbunden ist, nicht gegen ihren Willen übertragen werden.

Erläuterungen:

Satz 1 konkretisiert die Zuständigkeitsregeln der §§ 133 Abs. 1 Satz 2 Nr. 14 und 88 Abs. 2 Satz 2 Nr. 2 HSchG, nach denen die Gesamtkonferenz zur Aufstellung von Grundsätzen für die Unterrichtsverteilung und für die Stunden-, Aufsichts- und Vertretungspläne sowie für die Übertragung besonderer dienstlicher Aufgaben zuständig ist, während der Schulleiter für die einzelfallbezogene Umsetzung dieser Grundsätze zuständig und verantwortlich ist.

Diese Zuständigkeitsverteilung hat zur Folge, dass die Gesamtkonferenz bei ihrer Beschlussfassung dem Schulleiter für die in seiner Zuständigkeit aufzustellenden konkreten Einsatzpläne Spielräume lassen muss, die ihm im Einzelfall auch eine Abweichung von den von der Gesamtkonferenz aufgestellten Grundsätze ermöglichen muss. Jede Form der Beschlussfassung der Gesamtkonferenz, die dem Schulleiter diese Form der einzelfallbezogenen Gestaltungsmöglichkeit nimmt, stellt eine Überschreitung der Grundsatzzuständigkeit der Gesamtkonferenz dar und führt zur Rechtswidrigkeit dieser Beschlüsse. Der Schulleiter ist in solchen Fällen berechtigt und verpflichtet, solche Beschlüsse nach § 87 Abs. 4 HSchG zu beanstanden, die Gesamtkonferenz erneut mit der Angelegenheit zu befassen und den Beschluss im Bestätigungsfall dem Staatlichen Schulamt zur Aufhebung vorzulegen.

Über die Zuweisungsregelungen des HSchG hinaus stellt diese Regelung eine Verbindung zu den im Schulprogramm der Schule verankerten Zielsetzungen her, die der Schulleiter bei der Aufstellung der Stunden-, Aufsichts- und Vertretungspläne zu beachten hat. Damit soll sichergestellt werden, dass die Erfüllung des Bildungs- und Erziehungsauftrags in einem Gesamtrahmen erfolgt, den sich die Schule in ihrem Schulprogramm gegeben hat. Zur Vermeidung von Missverständnissen ist an dieser Stelle darauf hinzuweisen, dass insoweit nach ständiger Rechtsprechung der Verwaltungsgerichte kein Mitbestimmungsrecht des Schulpersonalrates besteht; die in diesem Zusammenhang zu empfehlende Information des Personalrates findet lediglich im Rahmen der vertrauensvollen Zusammenarbeit nach § 60 Abs. 1 HPVG statt.

Satz 2 ist Ausdruck stundenplantechnischer Notwendigkeiten; mit dieser Regelung wird dem Schulleiter die Möglichkeit eröffnet, den Unterrichtseinsatz der Lehrkräfte über den Bereich der Fächer hinaus zu planen, für die sie eine Ausbildung absolviert haben. Allerdings muss sich ein solcher Einsatz innerhalb des erworbenen Lehramtes und den damit verbundenen schulformbezogenen Einsatzmöglichkeiten bewegen. Der Schulleiter wird durch diese Vorschrift in die Lage versetzt, Lehrkräfte auch fachfremd einzusetzen, wofür er im Regelfall keine Zustimmung der betroffenen Lehrkraft benötigt, diese Einsätze aber ausdrücklich auf Ausnahmefälle zu beschränken hat.

Darüber hinaus ist nach Satz 2, 2. Halbsatz bei derartigen fachfremden Unterrichtseinsätzen zu beachten, dass diese Übertragung gegen den Willen der betroffenen Lehrkraft in den Fällen ausgeschlossen ist, in denen – wie z. B. im Fach Sport – der Unterrichtseinsatz mit besonderen Unfallgefahren verbunden ist. In diesem Zusammenhang ist ergänzend darauf hinzuweisen, dass eine Unterrichtserteilung im Fach Religion nur bei Vorliegen der entsprechenden kirchlichen Unterrichtserlaubnis und mit Zustimmung der betroffenen Lehrkraft nach Art. 7 Abs. 3 Satz 3 GG zulässig ist.

§ 17 Abs. 4 [Mehreinsatz im Unterricht]

Um eine sinnvolle Unterrichtsverteilung sicherzustellen, kann die Schulleiterin oder der Schulleiter bei der Festsetzung der wöchentlichen Unterrichtsstunden einer Lehrkraft nach deren Anhörung bis zu zwei Stunden von der Pflichtstundenzahl nach der Pflichtstundenverordnung abweichen. Diese Abweichung ist möglichst im zweiten Schulhalbjahr, spätestens im nächsten Schuljahr auszugleichen. Dieser Anspruch bleibt auch bei Wechsel der Schule erhalten. § 85 Abs. 2 HBG bleibt unberührt.

Erläuterungen:

Satz 1 bietet dem Schulleiter neben dem fachfremden Unterrichtseinsatz nach Abs. 3 eine weitere Möglichkeit, flexibel auf Bedarfsschwankungen im Unterrichtseinsatz zu reagieren, indem ihm die Berechtigung eingeräumt wird, nach Anhörung – nicht aber nach Zustimmung – einer Lehrkraft, diese mit bis zu zwei Stunden pro Woche mehr oder weniger, als ihr regelmäßiges Pflichtstundenmaß, wie es sich aus der Pflichtstundenverordnung ergibt, im Unterricht einsetzen zu können beinhaltet.

Diese Abweichung ist ausweislich der Formulierung in **Satz 2** „möglichst im zweiten Schulhalbjahr" auszugleichen und damit jeweils nur für die Dauer eines Schulhalbjahres zulässig. Sofern ein Ausgleich im unmittelbar folgenden Schulhalbjahr nicht möglich sein sollte, ist ein Ausgleich auch im darauf folgenden Schulhalbjahr zulässig.

Satz 3 enthält eine für die betroffenen Lehrkräfte notwendige Klarstellung, dass die wegen dieser Form von Mehreinsatz im Unterricht erworbenen Ausgleichsansprüche auch im Falle eines Schulwechsels erhalten bleiben. Den von solchen Maßnahmen betroffenen Lehrkräften ist zu empfehlen, sich vom Schulleiter ihrer bisherigen Schule den Umfang ihres durch Mehreinsatz im Unterricht erworbenen Ausgleichsanspruchs schriftlich bestätigen zu lassen, um jede Missdeutung zu vermeiden.

Die Hinweise in **Satz 4** bezüglich der Weitergeltung der Regelungen der Pflichtstundenverordnung und des § 85 Abs. 2 HBG (neu: § 60 HGB) sind lediglich deklaratorischer Natur, da den Bestimmungen der DO sowohl die spezielleren Bestimmungen der Pflichtstundenverordnung als auch die höherrangigen Regelungen des HBG auch ohne diese Regelung vorgehen.

§ 17 Abs. 5 [Übertragung besonderer Aufgaben]

Die Schulleiterin oder der Schulleiter kann nach Beratung mit dem Personalrat und im Benehmen mit der Gesamtkonferenz den Lehrkräften besondere Aufgaben übertragen. Der Frauenbeauftragten für Lehrkräfte ist vor der Beteiligung des Personalrates und der Gesamtkonferenz Gelegenheit zur Stellungnahme zu geben. Auf die Wünsche der Lehrkraft ist nach Möglichkeit Rücksicht zu nehmen. Die Verantwortung der Schulleiterin oder des Schulleiters für diese Aufgaben bleibt unberührt.

Erläuterungen:

Die Regelung in **Satz 1** entspricht der in § 17 Abs. 3 Satz DO für den Bereich der Übertragung besonderer Aufgaben auf einzelne Lehrkräfte. Auch hier obliegt der Gesamtkonferenz nach § 133 Abs. 1 Satz 2 Nr. 14 HSchG die Befugnis zur Aufstellung von Grundsätzen und dem Schulleiter nach § 87 Abs. 1 Satz 4 HSchG die Befugnis zur einzelfallbezogenen Umsetzung dieser Grundsätze.

Bezüglich der aufgrund dieses wechselseitigen Beziehungsverhältnisses dieser Zuständigkeitszuweisungen möglichen Konfliktfelder und -lösungswege ist auf die Ausführungen zu § 17 Abs. 3 DO zu verweisen.

Die einzelfallbezogene Anhörungsberechtigung der Gesamtkonferenz geht zwar über deren Grundsatzzuständigkeitszuweisung nach § 133 Abs. 1 Satz 2 Nr. 14 HSchG hinaus, ist aber aufgrund der ergänzenden Zuständigkeitszuweisung nach § 133 Abs. 1 Satz 2 Nr. 15 HSchG als zulässig anzusehen.

Die darüber hinaus vorgesehene Beratung mit den Schulpersonalrat ist allenfalls im Rahmen der vertrauensvollen Zusammenarbeit nach § 60 Abs. 1 HPVG zwischen dem Schulleiter als Dienststellenleiter und dem Schulpersonalrat möglich, ein förmliches Beteiligungsrecht nach dem HPVG kann dadurch ausdrücklich nicht begründet werden, dies ist ausschließlich durch Einräumung in einem Gesetz möglich.

Entsprechendes gilt für die nach **Satz 2** vorgesehene Beteiligung der Frauenbeauftragten der Lehrkräfte, die vor der Beteiligung von Schulpersonalrat und Anhörung der Gesamtkonferenz zu erfolgen hat. Auch insoweit besteht kein nach dem HGlG eingeräumter Beteiligungstatbestand im Sinne des § 16 HGlG, sondern lediglich eine informelle Beteiligungsmöglichkeit. In diesem Zusammenhang ist ergänzend zu berücksichtigen, dass im Gegensatz zum Schulpersonalrat und der Gesamtkonferenz, die an der jeweiligen Schule eingerichtet sind, die Frauenbeauftragte der Lehrkräfte jeweils nur am Staatlichen Schulamt ihren Sitz hat, so dass ihre Beteiligung nicht durch den Schulleiter der einzelnen Schule, sondern nur durch den Leiter des Staatlichen Schulamtes vorgenommen werden kann.

Die in **Satz 3** aufgestellte Verpflichtung, bei der Übertragung besonderer Aufgaben auf einzelne Lehrkräfte auf deren Wünsche nach Möglichkeit Rücksicht zu nehmen, entspricht allgemeinem Führungsverständnis. Denn eine Aufgabenübertragung gegen den Willen einer Lehrkraft wird in der Regel weniger geeignet sein, eine sachgerechte Aufgabenerledigung zu erreichen.

Die Feststellung in **Satz 4** entspricht der in § 87 Abs. 1 Satz 5 normierten Gesamtverantwortung des Schulleiters für alle Leitungstätigkeiten in der Schule unabhängig von der jeweiligen Aufgabenübertragung durch Geschäftsverteilungsplan oder Einzelweisung.

§ 17 Abs. 6 [Führung von Jahresgesprächen]

Die Lehrkräfte haben das Recht auf Führung von Jahresgesprächen nach Maßgabe des Erlasses „Grundsätze über Zusammenarbeit und Führung in der hessischen Landesverwaltung" vom 4. April 2007 (Staatsanzeiger S. 890) in der jeweils geltenden Fassung. Diese können durch alle Mitglieder der Schulleitung nach Maßgabe des Geschäftsverteilungsplans geführt werden. Sie nehmen insoweit Aufgaben einer oder eines Vorgesetzten wahr (§ 87 Abs. 1 Satz 3 des Schulgesetzes, § 14 Abs. 1 Satz 3).

Erläuterungen:

Diese Regelung ist durch die Novellierung der DO im Jahr 2011 neu eingeführt worden. Mit ihr wird – wenn auch nur in eingeschränktem Umfang – den Grundsätzen moderner Mitarbeiterführung Rechnung getragen, indem den Lehrkräften das Recht eingeräumt wird, dass mit ihnen in entsprechender Anwendung der allgemeinen Führungsgrundsätzen in der hessischen Landesverwaltung, die nach ihrem Wortlaut nicht für Lehrkräfte gelten, Jahresgespräche durchgeführt werden. Die Führung von Jahresgesprächen wird mit dieser Regelung – im Gegensatz zur sonstigen Verwaltung – nicht generell und für alle Beteiligten verpflichtend im Schulbereich eingeführt, sondern es wird lediglich den Lehrkräften das Recht eingeräumt, die Durchführung derartiger Jahresgespräche vom jeweiligen nach der Geschäftsverteilung in der Schule vorgesehenen Mitglied der Schulleitung nach § 87 Abs. 1 HSchG, das insoweit Vorgesetztenfunktion ausübt, einzufordern. Dies bedeutet, dass die Initiative zur Führung von Jahresgesprächen von der einzelnen Lehrkraft auszugehen hat und nicht vom Schulleiter oder durch Beschluss eines schulischen Gremiums verbindlich eingeführt werden kann.

Es wird abzuwarten bleiben, inwieweit die Lehrkräfte von dieser Berechtigung Gebrauch machen werden und welche Auswirkungen dies auf die Schul- und Qualitätsentwicklung der einzelnen Schule haben wird. Im Interesse dieser Zielstellung wäre eine generelle und für alle verbindliche Einführung von Jahresgesprächen sicher zielführender gewesen, dies ist jedoch an den Bedenken der Lehrkräfte wegen der mit diesen Gesprächen befürchteten Erhöhung der Kontrolldichte und denen der Schulleiter wegen der damit befürchteten Arbeitsbelastung im Ergebnis gescheitert.

Diese Bedenken der Schulleitervertreter sind – zumindest in größeren Systemen – nicht begründet, denn an diesen Schulen besteht ausdrücklich die Möglichkeit der Entlastung des Schulleiters durch Delegation auf Mitglieder der Schulleitung nach § 87 Abs. 1 HSchG im Rahmen der Festlegungen der Zuständigkeiten der einzelnen Schulleitungsmitglieder im Geschäftsverteilungsplan.

Für den Bereich der beruflichen Schulen bedeutet dies, dass die Abteilungsleiter typischerweise für die Führung von Jahresgesprächen mit den in der von ihnen geleiteten Abteilung tätigen Lehrkräften in Betracht kommen, was wiederum die Führung von Jahresgesprächen durch den Schulleiter auf den Kreis der Schulleitungsmitglieder nach § 87 Abs. 1 HSchG beschränken würde, wodurch der befürchteten Überlastung des Schulleiters wirksam entgegengewirkt werden könnte. Entsprechendes gilt für die übrigen größeren Schulsysteme wie Gymnasien und Gesamtschulen, in denen der Schulleitung nach § 87 Abs. 1 HSchG genügend Funktionsträger angehören, die eine Vorgesetztenfunktion übernehmen können.

Die Kritik der Lehrerverbände verkennt zudem, dass die Führung von Jahresgesprächen – im Gegensatz zu den hier ausdrücklich nicht in Rede stehenden dienstlichen Beurteilungen – gerade für die einzelne Lehrkraft eine günstige und institutionalisierte Gelegenheit darstellt, gegenüber ihrem Vorgesetzten – Schulleiter oder Mitglied der Schulleitung – ihre Sicht bezüglich der als notwendig erkannten Weiterentwicklung der Schule, aber auch persönliche Anliegen oder Sichtweisen in einem geschützten Raum anzubringen.

Insgesamt ist daher festzustellen, dass mit dieser eingeschränkten Regelung Entwicklungsmöglichkeiten für die einzelne Schule systematisch ungenutzt bleiben.

Die in Satz 3 enthaltene Regelung beschreibt lediglich die sich aus der Hierarchie der Mitglieder der Schulleitung nach § 87 Abs. 1 HSchG ergebende Zuordnung ohne eigenen Regelungsgehalt.

§ 17 Abs. 7 [Nachwuchskräfte]

Die Schulleiterin oder der Schulleiter und die übrigen Mitglieder der Schulleitung identifizieren und fördern potentielle Nachwuchskräfte unabhängig vom künftigen Bedarf an Führungskräften in der eigenen Schule.

§ 18 Abs. 1 [Weiterentwicklung der Unterrichts- und Erziehungsarbeit]

Erläuterungen:

Diese Regelung ist durch die Novellierung im Jahr 2011 eingefügt worden und beschreibt die Mitwirkungspflicht des Schulleiters und der Schulleitung nach § 87 Abs. 1 HSchG an der Personalentwicklung der Mitglieder des Kollegiums.

Diese typische Führungsaufgabe wird in den kommenden Jahren umso bedeutsamer werden, je mehr Führungskräfte an den Schulen in den Ruhestand treten werden. Um landesweit – gemessen an den Grundsätzen der Bestenauslese nach Art. 33 Abs. 2 GG – genügend geeignete Lehrkräfte für die neu zu besetzenden Stellen zu finden, sind die heutigen Führungskräfte zu nachhaltiger Führungskräfteentwicklung unabhängig von der Situation an der eigenen Schule verpflichtet und müssen es als zentrale Führungsaufgabe begreifen, „ihre" Lehrkräfte auch für Führungsaufgaben an anderen Schulen entwickeln zu helfen.

Insoweit hat diese Regelung vor allem appellativen Charakter.

§ 18 Abs. 1 [Weiterentwicklung der Unterrichts- und Erziehungsarbeit]

Die Schulleiterin oder der Schulleiter trägt die Verantwortung für die Weiterentwicklung der Unterrichtsqualität der Schule. Sie oder er sorgt dafür, dass Unterrichtsbesuche bei jeder an der Schule unterrichtenden Lehrkraft durchgeführt werden, und wendet bei Bedarf weitere geeignete Evaluationsverfahren an. Durch Einsicht in die angeordneten schriftlichen Nachweise und die Schülerarbeitshefte hält sie oder er sich über den jeweiligen Stand der Arbeiten in den einzelnen Klassen oder Kursen und Gruppen auf dem Laufenden. Unterrichtsbesuche können von der Schulleiterin oder dem Schulleiter, weiteren Mitgliedern der Schulleitung oder anderen Lehrkräften durchgeführt werden. Die Entscheidung darüber trifft die Schulleiterin oder der Schulleiter im Benehmen mit den weiteren Mitgliedern der Schulleitung. Der Unterrichtsbesuch soll der oder dem Unterrichtenden rechtzeitig vorher angekündigt werden. Nach den Unterrichtsbesuchen sind die gemachten Beobachtungen mit der oder dem Unterrichtenden zu erörtern. Außerhalb von Unterrichtsbesuchen nach den Sätzen 1 bis 7 können auch Besuche von anderen Lehrkräften auf der Grundlage schulinterner Konzepte zur Förderung der kollegialen Beratung stattfinden. In die Unterrichts- und Erziehungsarbeit der voll ausgebildeten Lehrkräfte darf nur bei einem Verstoß gegen Rechts- oder Verwaltungsvorschriften, die durch § 93 Abs. 3 des Schulgesetzes vorgegebenen Grundsätze oder Maßstäbe, verbindliche pädagogische Grundsätze des Schulprogramms und Konferenzbeschlüsse eingegriffen und die Weisung erteilt werden, diese Vorgaben zu beachten (§ 88 Abs. 4 Satz 3 des Schulgesetzes).

Erläuterungen:

Diese mit der Novellierung 2011 teilweise erheblich geänderte Regelung stellt inhaltlich eine Konkretisierung der allgemeinen Verpflichtung des Schulleiters nach § 88 Abs. 2 Satz 1 HSchG dar, für die Weiterentwicklung der Unterrichts- und Erziehungsarbeit Sorge zu tragen.

Satz 1 ist insoweit lediglich eine inhaltliche Wiedergabe der höherrangigen Vorschrift des HSchG ohne eigenständigen Regelungsgehalt.

Satz 2 enthält eine auf die Durchführung von Unterrichtsbesuchen und weiteren Evaluationsverfahren bezogene Konkretisierung der allgemeinen Verpflichtung des Schulleiters in § 88 Abs. 2 Satz 2 Nr. 3 HSchG, sich über das Unterrichtsgeschehen zu informieren und die Lehrkräfte zu beraten und zu unterstützen.

Die in dieser Regelung vorgesehenen Unterrichtsbesuche dienen vorrangig dem Ziel der Qualitätsentwicklung der einzelnen Schule, indem der Schulleiter sich über die pädagogische Arbeit in den einzelnen Klassen und Lerngruppen informiert. Hiervon klar zu unterscheiden sind die Unterrichtsbesuche, die der Schulleiter aus konkreten dienstrechtlichen Anlässen, z. B. zur Vorbereitung einer dienstlichen Beurteilung durchzuführen hat, um die Kerntätigkeit der Lehrkraft, die Erteilung von Unterricht, aktuell einschätzen zu können. Derartige anlassbezogene Unterrichtsbesuche kommen insbesondere in Betracht vor der Übernahme in das Beamtenverhältnis auf Lebenszeit während und am Ende der Probezeit, bei Verlängerung der Probezeit, bei Bewerbungen um eine Beförderungs- oder Funktionsstelle oder in den Auslandsschuldienst.

Ebenfalls anlassbezogen sind darüber hinaus die Unterrichtsbesuche, zu denen der Schulleiter aufgrund von Beschwerden von Eltern oder Schülern über den Unterricht einer Lehrkraft verpflichtet ist. In diesen Fällen kommt als ausdrückliche Ausnahme von der Regel in Satz 6, um ein wahrheitsgetreues Bild über den Unterricht der beschwerten Lehrkraft zu erhalten, nach insoweit einschlägiger Rechtsprechung der Verwaltungsgerichte – vgl. z. B. OVG Lüneburg vom 15. 3. 2009, Az.: 5 ME 30/09, DÖD 2009, 260 – nur ein unangekündigter Unterrichtsbesuch in Betracht.

Die nunmehr geltende Regelung enthält keine Festlegungen bezüglich des Durchführungsintervalls von nicht anlassbezogenen Unterrichtsbesuchen. Hierauf ist – wie bei den Jahresgesprächen nach § 17 Abs. 6 DO – verzichtet worden. Dieser Verzicht erscheint, da regelmäßige dienstliche Beurteilungen bei Lehrkräften anders als bei Mitarbeitern in der Verwaltung nicht vorgesehen sind, auch vertretbar.

Die in **Satz 3** enthaltene Verpflichtung des Schulleiters, sich durch regelmäßige Einsichtnahme in schulische Leistungsnachweise und Schülerarbeitshefte über den Arbeitsstand der Schüler auf dem Laufenden zu halten, unterstreicht die Verantwortung des Schulleiters für die Qualitätsentwicklung der von ihm geleiteten Schule. Denn nur wenn der Schulleiter sich regelmäßig davon überzeugt, welche Arbeiten mit welchem Anforderungsniveau in der verschiedenen Klassen der Schule angefertigt werden, kann er sich einen Überblick über den Leistungsstand der Schule und damit über deren pädagogisches Niveau verschaffen. Insoweit handelt es sich damit um ein notwendiges Informationsmittel, um Schulentwicklungsprozesse anstoßen und steuern zu können.

Satz 4 enthält – entsprechend der Regelung in § 17 Abs. 6 Satz 2 DO – eine Delegationsmöglichkeit zur Durchführung von Unterrichtsbesuchen durch Mitglieder der Schulleitung nach § 87 Abs. 1 HSchG, aber auch nach entsprechender Beauftragung durch den Schulleiter nach **Satz 5** auch durch weitere Mitglieder des Kollegiums, die nicht der Schulleitung angehören. Mit dieser Regelung kann der gerade in großen Systemen notwendigen Entlastung des Schulleiters angemessen Rechnung getragen werden. Im Übrigen ist auf die Ausführungen zu § 17 Abs. 6 DO zu verweisen. Eine Delegation zur Durchführung von Unterrichtsbesuchen zur Vorbereitung dienstlicher Beurteilungen ist wegen der Bindung dieser Zuständigkeit an die Funktion des Schulleiters als Dienstvorgesetzten nach § 16 Nr. 8 DO ausgeschlossen.

Wie bisher ist als Regel in **Satz 6** die Verpflichtung vorgesehen, dass der beabsichtigte Unterrichtsbesuch der Lehrkraft gegenüber rechtzeitig anzukündigen ist. Dies liegt im Interesse einer möglichst großen Akzeptanz der zu besuchenden Lehrkräfte für den Zweck dieser Unterrichtsbesuche, nämlich für eine kontinuierliche Qualitätsentwicklung der Schule zu sorgen und nicht die besuchten Lehrkräfte zu beurteilen, was bereits aus den gesetzlichen Vorgaben der §§ 88 Abs. 2 Satz 2 Nr. 3 und Abs. 4 Satz 2 HSchG deutlich wird.

Die in **Satz 7** enthaltene Verpflichtung, die in einem Unterrichtsbesuch gemachten Beobachtungen mit der im Unterricht besuchten Lehrkraft zu erörtern, entspricht allgemein üblichem Führungsverhalten, nach dem es zwingend erforderlich ist, der im Unterricht beobachteten Lehrkraft über die gewonnenen Erkenntnisse zu informieren und erforderlichenfalls Hinweise zur Weiterentwicklung oder Verbesserung zu geben. Ohne eine solche verpflichtende Rückmeldung würde der mit den Unterrichtsbesuchen zu erreichende Zweck der Verbesserung der Schulqualität, in deren Mittelpunkt als Kernaufgabe der Schule zwangsläufig der Unterricht steht, den es im Einzelfall zu verbessern gilt, nicht erreicht werden können, weil die einzelne Lehrkraft nicht wüsste, was sie gegebenenfalls selbst an ihrem Unterricht verbessern könnte.

§ 18 Abs. 3 [Abwesenheit der Lehrkräfte]

Die in **Satz 8** formulierte Möglichkeit, dass Unterrichtsbesuche von Lehrkräften untereinander im Rahmen schulinterner Qualitätsentwicklungskonzepte in Gestalt kollegialer Beratungen durchgeführt werden können, entspricht pädagogischer Selbstverständlichkeit, die auch ohne Einführung dieser Regelung bereits an vielen Schulen praktiziert wird. Der Sinn dieser Regelung dürfte daher vorrangig appellativer Natur sein, zumal damit keine Verpflichtung, sondern nur eine Berechtigung der Lehrkräfte zur Durchführung derartiger Unterrichtsbesuche verbunden wird. Im Interesse einer möglichst breit angelegten Qualitätsentwicklung an den Schulen ist zu wünschen, dass von diesem Instrument möglichst häufig Gebrauch gemacht wird.

Die in **Satz 9** enthaltene Beschränkung, nur bei Vorliegen bestimmter, in der Vorschrift genannter Voraussetzungen in die Unterrichts- und Erziehungsarbeit einer voll ausgebildeten Lehrkraft – also nicht einer Lehrkraft im Vorbereitungsdienst – eingreifen zu dürfen, stellt eine wörtliche Wiedergabe der Regelung des § 88 Abs. 4 Satz 3 HSchG dar und enthält damit keinen eigenständigen Regelungsinhalt.

§ 18 Abs. 2 [Eintretende/ausscheidende Lehrkräfte]

Die Schulleiterin oder der Schulleiter führt die in das Kollegium eintretenden Lehrkräfte in die Arbeit der Schule ein und macht sie mit ihren Rechten und Pflichten bekannt. Ausscheidende Lehrkräfte werden von ihr oder ihm verabschiedet.

Erläuterungen:

Diese Regelung beschreibt Führungsaufgaben des Schulleiters, die von jedem Dienststellenleiter selbstverständlich wahrzunehmen sind.

Die in **Satz 1** enthaltene Verpflichtung, neu in das Kollegium eintretende Lehrkräfte in die Arbeit der Schule einzuführen und sie mit ihren Rechten und Pflichten bekannt zu machen, ist schon deshalb als notwendig anzusehen, weil sonst die Einbindung der neuen Kollegen in die pädagogische Arbeit der Schule eher zufällig und nicht zielgerichtet erfolgen würde. Insoweit liegt eine Einführung in die pädagogische Arbeit der Schule gerade auch im Interesse des für die Qualitätsentwicklung der Schule verantwortlichen Schulleiters.

Die in **Satz 2** formulierte Verpflichtung ist Ausdruck allgemeinen gesellschaftlichen Handelns, denn es ist ein selbstverständliches Gebot der Höflichkeit, ausscheidende Lehrkräfte, gleichgültig ob aus Gründen der Versetzung an eine andere Schule oder Dienststelle oder – erst recht – wegen Eintritts in den Ruhestand, in angemessener Form zu verabschieden, wobei selbstverständlich auf die Wünsche der betroffenen Lehrkraft Rücksicht zu nehmen ist.

§ 18 Abs. 3 [Abwesenheit der Lehrkräfte]

Die Schulleiterin oder der Schulleiter macht die Abwesenheit einer Lehrkraft unter Angabe des Grundes die Abwesenheit aktenkundig und benachrichtigt am Ende des Jahres die Schulaufsichtsbehörde, bei der die Personalhauptakten geführt werden, durch Vorlage einer Liste. Ärztliche Bescheinigungen, die von der Lehrkraft als Nachweis ihrer Erkrankung rechtzeitig vorgelegt werden (§ 12 Abs. 1), sind der Liste nach Satz 1 beizufügen.

Erläuterungen:

Die in dieser Regelung enthaltene Verpflichtung des Schulleiters, über die Abwesenheiten der Lehrkräfte der von ihm geleiteten Schule Buch zu führen und hierüber getrennt für jede einzelne Lehrkraft am (Kalender-)Jahresende der zuständigen Schulaufsichtsbehörde unter Beifügung der eingereichten ärztlichen Bescheinigungen zu berichten, ist Teil seiner Verpflichtung als Vorgesetzter der Lehrkräfte, die dazu dient, zum einen der Schulaufsicht die Möglichkeit zu eröffnen, bei signifikanten Fehlzeiten einzelner Lehrkräfte nach den Gründen zu fragen, woraus sich im Einzelfall Maßnahmen zur Wiederherstellung der Gesundheit einer Lehrkraft oder zur Feststellung der Dienst(un)fähigkeit anschließen können, und zum anderen dafür zu sorgen, dass die bei den Schulaufsichtsbehörden geführten Personalakten nach § 50 BeamtStG i. V. m. §§ 86 ff HBG (neu) auch bezüglich der Abwesenheit von Lehrkräften vollständig sind. Die Jährlichkeit dieser Meldungen dient der Verwaltungsvereinfachung und dem dadurch besser zu gewinnenden Überblick.

§ 19 Abs. 1 [Erfüllung der Schulpflicht]

Die Schulleiterin oder der Schulleiter überwacht die Erfüllung der Schulpflicht. Sie oder er ist zuständig für die Aufnahme und Entlassung der Schülerinnen und Schüler.

Erläuterungen:

Satz 1 ist eine inhaltliche Wiedergabe des § 88 Abs. 3 Satz 2 Nr. 2 HSchG, wonach dem Schulleiter die Sorge für die Erfüllung der Schulpflicht obliegt.

Diese Regelung ist zum einen Ausdruck der Gesamtverantwortung des Schulleiters für die von ihm geleitete Schule und zum anderen eine spezielle Beschreibung der besonderen Aufgabe der Schule, die Erfüllung der Schulpflicht nach den §§ 56 ff HSchG zu überwachen und nötigenfalls durch die Anwendung des Schulzwangs nach § 68 HSchG oder durch Erstattung einer Anzeige wegen Verletzung der Schulpflicht nach § 181 HSchG i. V. m. §§ 56 ff HSchG beim zuständigen Staatlichen Schulamt mit dem Ziel, ein Ordnungswidrigkeitsverfahren durchzuführen, durchzusetzen. Um diese Aufgabe sachgerecht ausführen zu können, haben die Lehrkräfte nach § 6 Abs. 2 Satz 2 DO dem Schulleiter zuzuarbeiten, indem sie ihn über Schulpflichtverletzungen in den von ihnen unterrichteten Klassen informieren.

Satz 2 stellt eine wörtliche Wiedergabe des § 88 Abs. 3 Satz 2 Nr. 1 HSchG dar, wonach dem Schulleiter insbesondere die Aufnahme und Entlassung der Schüler obliegt.

Diese Regelung beschreibt – bezogen auf das Rechtsverhältnis des Schülers zur Schule nach § 69 Abs. 1 HSchG, das als öffentlich-rechtlich angelegt ist – einen Kernbestandteil der Aufgaben des Schulleiters. Denn die Begründung und Beendigung des Schulverhältnisses durch Aufnahme oder Entlassung eines Schülers stellen für den einzelnen Schüler zentrale Ereignisse dar, die dem Leiter einer Schule als geborene Aufgabe obliegen.

§ 19 Abs. 2 [Schulordnung, Gesundheitsförderung]

Die Schulleiterin oder der Schulleiter ist für die Beachtung der Schulordnung und die Durchführung der zur schulischen Gesundheitsförderung ergangenen Anordnungen verantwortlich.

Erläuterungen:

Diese Regelung entspricht bezüglich der Verantwortlichkeit für die Beachtung der Schulordnung der Aufgabenbeschreibung des Schulleiters in § 88 Abs. 3 Satz 2 Nr. 3 HSchG. Sie ist insoweit Ausdruck der Gesamtverantwortung des Schulleiters für die von ihm geleitete Schule. Zur Durchsetzung der Ordnung in der Schule, für die sich die Schule durch Beschluss der Schulkonferenz nach § 129 Nr. 12 HSchG eine Schulordnung geben kann, bedarf es der Mitwirkung aller Lehrkräfte, die hierzu nach § 6 Abs. 2 Satz 1 DO verpflichtet sind.

Die Durchsetzung der Ordnung in der Schule setzt einen möglichst von der gesamten Schulgemeinde – Lehrkräften, Eltern und Schülern – vereinbarten Grundkonsens voraus, der idealtypischer Weise in einer Schulordnung niedergelegt wird, in der nicht lediglich Verhaltensregeln für die Schüler aufgestellt werden, sondern sich alle Mitglieder der Schulgemeinde wechselseitig zu einem von gegenseitigem Respekt geprägten Umgang verpflichten, d. h. sich auf eine gemeinsame Schulkultur verständigen, mit der die traditionelle Anstaltsordnung überflüssig wird.

Der zweite Halbsatz korrespondiert mit § 20 Abs. 5 DO, wonach dem Schulleiter durch die Novellierung im Jahr 2011 die Verantwortung für den Arbeits- und Gesundheitsschutz übertragen worden ist.

Diese Führungsaufgabe ist Teil der Gesamtverantwortung des Schulleiters für die von ihm geleitete Schule, gehört aber zu den typischerweise im Rahmen der Geschäftsverteilung des Schulleitung nach § 87 Abs. 1 Satz 4 HSchG i. V. m. § 14 Abs. 1 Satz 5 DO auf andere Mitglieder der Schulleitung oder sonstige Lehrkräfte zu übertragenden Aufgaben. Inhaltlich wird diese Aufgabe durch die Regelungen zum Arbeitsschutz (Erlass vom 15. 10. 2009, ABl. S. 764) und zur schulischen Gesundheitsförderung (ABl. 2006 S. 161) näher bestimmt.

§ 19 Abs. 3 [Zusammenarbeit]

Die Schulleiterin oder der Schulleiter pflegt die Zusammenarbeit der Schule mit dem Schulelternbeirat und den Eltern, bei beruflichen Schulen auch mit den Ausbildungsbetrieben sowie den zuständigen Stellen, Gewerkschaften und Wirtschaftsverbänden.

Erläuterungen:

Die bisher an dieser Stelle enthaltene generelle Regelung der Zuständigkeit des Schulleiters für Beurlaubungen von Schülern findet sich seit der Novellierung der VOGestSchV in § 3 Abs. 2 Satz 2 dieser VO. Die bisherige Regelung in der DO ist damit als gegenstandslos aufgehoben worden.

Die jetzige Vorschrift detailliert die Verpflichtung zur Zusammenarbeit aller Partner der Erziehungsarbeit in der Schule nach § 88 Abs. 2 Satz 1 HSchG, die sich auch aus § 108 HSchG bezüglich des Schulelternbeirates, aus § 72 Abs. 3 HSchG bezüglich der Eltern und insbesondere bezüglich der Überwachung der Berufsschulpflicht nach § 67 Abs. 3 HSchG bezüglich der Ausbildungsbetriebe sowie anderen an der Ausbildung beteiligten Stellen und Verbände ergibt. Insoweit ist diese Tätigkeit auch Teil der nach § 88 Abs. 3 Satz 2 Nr. 4 HSchG dem Schulleiter obliegenden Verpflichtung, die Schule in der Öffentlichkeit zu vertreten, zu der neben der Presse vor allem die Lehrerverbände, Gewerkschaften und Verbände der verschiedenen Berufe, Innungen, Kammern zu zählen sind.

§ 19 Abs. 4 [Zusammenarbeit]

Die Schulleiterin oder der Schulleiter fördert die Zusammenarbeit mit anderen Schulen, insbesondere im Rahmen eines Schulverbundes, und die Öffnung der Schule gegenüber ihrem Umfeld nach § 16 des Schulgesetzes. Mit anderen Bildungs- und Jugendhilfeeinrichtungen, mit Kindertagesstätten, mit sonstigen Beratungsstellen, den Behörden der Jugend- und Sozialhilfe und der Arbeitsverwaltung, für Umweltschutz, Frauen, multikulturelle oder Integrationsangelegenheiten sowie Ausbildungsbetrieben und Kammern arbeitet sie oder er zusammen, soweit dies erforderlich ist.

Erläuterungen:

Diese Regelung stellt in **Satz 1** eine Konkretisierung der allgemeinen Verpflichtung jeder Schule nach § 16 HSchG dar, sich ihrem jeweiligen Umfeld zu öffnen und Formen der Zusammenarbeit mit diesem im Rahmen der von der Schulkonferenz nach § 129 Nr. 8 HSchG beschlossenen Grundsätze zu entwickeln.

Die in **Satz 2** genannten Einrichtungen, mit denen eine Zusammenarbeit im Rahmen der schulischen Erfordernisse gesucht werden soll, sind lediglich Teil einer beispielartigen Aufzählung möglicher schulischer Partner ohne Anspruch auf Vollständigkeit. In der Praxis werden die Formen der Zusammenarbeit, die je nach Schulform unterschiedlich ausfallen werden, als Bestandteile des von der Schulkonferenz nach § 129 Nr. 1 HSchG zu verabschiedenden Schulprogramms nach § 127 b HSchG aufgeführt werden. Dabei wird die Grundschule typischer Weise eher mit Kindertagesstätten und die Berufsschule eher mit Ausbildungsbetrieben und Kammern Formen der Zusammenarbeit entwickeln.

§ 19 Abs. 5 [Schülervertretung]

Die Schulleiterin oder der Schulleiter hat die Voraussetzungen für die Arbeit der Schülervertretung im Rahmen der geltenden Bestimmungen zu gewährleisten.

Erläuterungen:

Diese Regelung nimmt Bezug auf die in § 122 Abs. 8 HSchG enthaltene Verpflichtung des Schulleiters, der Schülervertretung genügend Zeit zur Wahrnehmung ihrer Arbeit sowie geeignete Räume und das erforderliche Material zur Verfügung zu stellen. Insgesamt ist er nach den Regelungen der §§ 121 ff HSchG i. V. m. der VO über die Schülervertretungen und die Studierendenvertretungen i. d. F. v. 11. 11. 2011 (ABl. S. 881) verpflichtet, die Arbeit der Schülervertretung nicht zu behindern, sondern im Rahmen seiner Möglichkeiten zu fördern.

Die Vorschrift enthält keinen eigenständigen Regelungsinhalt, sondern hat im Wesentlichen nur Aufforderungscharakter.

§ 19 Abs. 6 [Informationspflicht]

Unbeschadet der Pflicht zur Verschwiegenheit über Beratungen im Rahmen von Prüfungsausschüssen hat die Schulleiterin oder der Schulleiter oder eine von ihr oder ihm beauftragte Lehrkraft nach Beendigung von Schulprüfungen Eltern und Prüflinge auf deren Wunsch über Prüfungsleistungen und deren Bewertungen zu unterrichten.

Erläuterungen:

Diese Vorschrift stellt eine auf Prüfungen bezogene Konkretisierung der allgemeinen Informationspflichten der Schule nach Art. 6 Abs. 2 GG i.V.m. § 72 Abs. 1 bis 3 HSchG i. V. m. § 23 Abs. 7 VOGestSchV oder § 4 Abs. 1 Satz 2 VOBGM dar, die sowohl dem Schulleiter, aber auch allen übrigen Lehrkräften obliegen.

Diese Informationspflicht gehört zu den selbstverständlichen Nebenpflichten im Zusammenhang mit durchgeführten Prüfungen, wonach die Prüflinge selbst und bei deren Minderjährigkeit auch deren Eltern über das Zustandekommen der Prüfungsergebnisse und damit notwendigerweise auch über die diesen Ergebnissen zugrunde liegenden Leistungen zu unterrichten sind.

Soweit der Schulleiter selbst – wie zum Beispiel in der Abiturprüfung – selbst Vorsitzender des Prüfungsausschusses ist, wird er diese Informationspflicht auf Verlangen der Prüflinge oder deren Eltern selbst wahrnehmen müssen, in allen anderen Fällen ist eine Delegation auf ein Mitglied des jeweiligen Prüfungsausschusses zulässig und sinnvoll.

Aus dem in der Vorschrift enthaltenen Hinweis auf die allgemeine Verschwiegenheitspflicht über Beratungen von Prüfungsausschüssen lässt sich entnehmen, dass sich der Umfang der zulässigerweise zu erteilenden Auskünfte sich lediglich auf die Leistungen des Prüflings erstreckt, nicht aber auf die Einzelbewertungen der Mitglieder des Prüfungsausschusses und mögliche darüber entstandene Diskussionen.

§ 20 Abs. 1 [Schulanlagen]

Die Schulleiterin oder der Schulleiter führt die Aufsicht über Schulgelände, Schulanlagen, Einrichtungen und Ausstattung und verwaltet die Schulanlagen im Auftrag des Schulträgers. Sie oder er hat ihn auf Mängel unverzüglich hinzuweisen. Die der Schule zur Verfügung stehenden Haushaltsmittel werden von der Schulleiterin oder dem Schulleiter verwaltet. Die Rechte der Schulkonferenz nach § 129 Nr. 9 des Schulgesetzes bleiben unberührt.

Erläuterungen:

Diese Vorschrift beschreibt das Verhältnis des Schulleiters zum Schulträger entsprechend § 90 HSchG und die in dessen Namen wahrzunehmenden Aufgaben.

§ 20 Abs. 2 [Hausrecht]

Satz 1 stellt eine teilweise Wiedergabe der Regelung in § 90 Abs. 1 Satz 1 HSchG bezüglich der Verwaltung der Schulanlagen im Auftrag des Schulträgers dar und hat insoweit nur deklaratorischen Charakter. Die von ihm darüber hinaus wahrzunehmende Aufsicht über Schulgelände, Schulanlagen, Einrichtungen und Ausstattung der Schule ist Ausdruck seiner sich bereits aus § 87 Abs. 1 Satz 5 HSchG ergebenden Gesamtverantwortung für die von ihm geleitete Schule. Inhaltlich umfasst diese Aufsicht die gesamte Verantwortung für die Schule und ihre sämtlichen Anlagen und schließt insbesondere die Wahrnehmung der typischen Hausherrentätigkeiten wie Unfallverhütung, Brandschutz und Verkehrssicherungspflicht ein.

Insoweit korrespondiert diese Regelung mit der sich aus § 88 Abs. 3 Satz 2 Nr. 3 HSchG ergebenden Sorge für die innere Schulordnung, indem hier die Verpflichtung zur Aufrechterhaltung der äußeren Ordnung geregelt wird.

Satz 2 enthält eine spezielle Handlungspflicht des Schulleiters gegenüber dem Schulträger, in der er zur unverzüglichen Anzeige ihm bekannt gewordener Mängel verpflichtet wird. Diese Bestimmung ist in der Praxis unter dem Gesichtspunkt der Pflicht zur Geringhaltung aufgetretener Schäden und deren möglichen Folgen, insbesondere aber aus Fürsorgegründen gegenüber den Nutzern der Schulanlagen und schließlich auch aus fiskalischen Gründen sinnvoll.

Satz 3 beschreibt einen notwendigen Teilaspekt der Verwaltungszuständigkeit des Schulleiters nach Satz 1, zu der untrennbar auch die Verwaltung der Mittel zu rechnen ist, soweit diese der Schule zur eigenen Bewirtschaftung zugewiesen sind. Der Schulleiter ist danach nicht nur für die Verwaltung der der Schule zugewiesenen Mittel zuständig, sondern auch für deren ordnungsgemäße Verbuchung und Verwendung verantwortlich.

Die nach § 129 Nr. 9 HSchG bestehende Beschlusszuständigkeit der Schulkonferenz über die der Schule zugewiesenen Haushaltsmittel, auf die Satz 4 verweist, ist in diesem Zusammenhang zu beachten. Denn der Schulleiter ist an die Festlegungen der Schulkonferenz über die Verwendung der Haushaltsmittel solange gebunden, als diese nicht gegen Rechtsvorschriften oder Richtlinien des Schulträgers über die Mittelverwendung verstoßen. In derartigen Fällen hat der Schulleiter nach § 127 a Abs. 3 Satz 6 HSchG i. V. m. § 87 Abs. 4/5 HSchG den Beschlüssen der Schulkonferenz zu widersprechen und im Bestätigungsfall eine Entscheidung des zuständigen Staatlichen Schulamtes einzuholen.

§ 20 Abs. 2 [Hausrecht]

Die Schulleiterin oder der Schulleiter übt auf dem Grundstück der Schule das Hausrecht aus. Zur Stellung eines Strafantrages nach § 123 Strafgesetzbuches (Hausfriedensbruch) ist die Schulleiterin oder der Schulleiter nur berechtigt, wenn sie oder er dazu vom Schulträger schriftlich allgemein oder im Einzelfall ermächtigt wurde.

Erläuterungen:

Satz 1 entspricht wörtlich der Regelung in § 90 Abs. 1 Satz 3 HSchG. Danach ist entsprechend der Aufgaben- und Kostenteilung in den §§ 151 ff HSchG nach §§ 155/158 HSchG der jeweilige Schulträger für Errichtung und Unterhaltung der Schulgebäude und -anlagen verantwortlich und der Träger der Rechte an dem Gebäude und seinen Anlagen.

Natürlicher Bestandteil des Rechts an einem Gebäude ist auch die Ausübung des aus § 1004 BGB und § 123 StGB abzuleitenden Hausrechts, das aus Gründen der Sachnähe der Schulleiter anstelle und im Namen des Schulträgers für die von ihm geleitete Schule während des laufenden Betriebs auszuüben hat.

Die in **Satz 2** enthaltene Beschränkung auf eine generelle oder einzelfallbezogene Ermächtigung des Schulträgers zur Erstattung einer Strafanzeige und zur Stellung eines Strafantrages (als zusätzlicher Strafverfolgungsvoraussetzung nach § 123 Abs. 2 StGB i. V. m. §§ 77 ff StGB) wegen Hausfriedensbruchs nach § 123 StGB hat im Rahmen der DO lediglich deklaratorische Bedeutung, da das Land Hessen die Rechtsbeziehungen zwischen dem Schulträger und dem einzelnen Schulleiter nicht zu regeln berechtigt ist. Insoweit kommt es im Zuständigkeitsbereich des einzelnen Schulträgers auf die jeweils vorhandenen Regelungen an. Aus Praktikabilitätsgründen dürfte es sich jedoch anbieten, dem Schulleiter eine – ggf. unter inhaltlichen Vorgaben – generelle Ermächtigung zur Erstattung von Strafanzeigen und Stellung von Strafanträgen zu erteilen, da sonst im Einzelfall vermeidbare Verzögerungen bei der Strafverfolgung entstehen könnten.

§ 20 Abs. 3 [Baumaßnahmen, Schulhaushalt u. a.]

Die Schulleiterin oder der Schulleiter hat in allen wichtigen Fragen der Zusammenarbeit mit dem Schulträger (z. B. Baumaßnahmen, Schulhaushalt) die Schulkonferenz und die Gesamtkonferenz zu hören.

Erläuterungen:

Diese Vorschrift erweitert die dem Schulleiter obliegenden Informationspflichten gegenüber den Schul- und Gesamtkonferenz in Angelegenheiten des Schulträgers und ist im Zusammenhang mit den Beschlussrechten der Schulkonferenz nach § 129 Nr. 9 HSchG und der Gesamtkonferenz nach § 133 Abs. 1 Satz 2 Nr. 12 HSchG zu lesen. Insoweit stellt sie eine Konkretisierung der dem Schulleiter nach § 90 Abs. 1 Satz 3 HSchG obliegenden Verwaltungsverantwortung bezüglich der der Schule zugewiesenen Haushaltsmittel des Schulträgers dar, die der Schulleiter nicht ohne Beteiligung der schulischen Gremien auszuüben berechtigt ist.

Insoweit hat diese Vorschrift im Wesentlichen erinnernde Bedeutung ohne eigenständigen Regelungsgehalt. Denn wenn eine Konferenz der Schule zur Entscheidung über die Verwendung von Haushaltsmitteln oder zur Abgabe von Vorschlägen zur Verwendung dieser Mittel befugt ist, ist sie zur Wahrnehmung dieser Befugnis rechtzeitig über die zu verteilenden Mittel zu informieren.

§ 20 Abs. 4 [Schulakten, Dienstsiegel]

Die Schulleiterin oder der Schulleiter führt die Schulakten; das Dienstsiegel ist nach den ergangenen Vorschriften zu führen.

Erläuterungen:

Die im **ersten Halbsatz** benannte Pflicht zur Führung der Schulakten ist Teil der vom Schulleiter im Verantwortungsbereich des Schulträgers für diesen wahrzunehmenden Verwaltungsaufgaben. Diese wird seitens des Landes Hessen in der Verordnung über die Verarbeitung personenbezogener Daten in Schulen und statistische Erhebungen an Schulen vom 4. 2. 2009 (ABl. S. 131) in Verbindung mit dem Erlass über Verteilung von Schriften, Aushängen und Sammlungen in der Schule vom 18. 2. 2010 (ABl. S. 90) näher konkretisiert. Je nach Vorgaben des jeweiligen Schulträgers sind an der einzelnen Schule darüber hinaus Unterlagen über Haushalts- und Bauangelegenheiten sowie Anlagenunterhaltung und weitere Nachweise zu führen, die für die Verwaltung des Schulträgers von Bedeutung sind. Daneben kann auch die Fortschreibung einer Schulchronik zu den Aufgaben des Schulleiters gehören. Insoweit untersteht der Schulleiter den Weisungen des Schulträgers entsprechend § 90 Abs. 1 Satz 1 HSchG.

Die im **zweiten Halbsatz** genannte Pflicht zur Führung des Dienstsiegels ist Teil der Leitungsverantwortung des Schulleiters. Details ergeben sich für die Schulen in kommunaler Trägerschaft aus entsprechenden Regelungen des einzelnen Schulträgers, die insoweit entweder als Gemeinden nach § 14 Abs. 2 HGO oder als Landkreise nach § 12 Abs. 2 HKO berechtigt sind, Dienstsiegel zu führen und durch ihre Einrichtungen führen zu lassen oder für staatliche Schulen, die nach § 3 Abs. 1 c der Verordnung über die Landessiegel i. d. F. v. 15. 12. 2009 (GVBl. I S. 716) berechtigt sind, ein Dienstsiegel zu führen, aus der entsprechenden Anwendung des Erlasses des HMWVL/HMUlRV und HMIS vom 17. 3. 2008 (StAnZ S. 910).

Danach ist das Dienstsiegel so unter Verschluss zu halten, dass es Dritten, die es missbräuchlich verwenden könnten, nicht zugänglich wird. Bei etwaigen Verlusten ist der jeweilige Rechtsträger der Schule zu verständigen, damit er durch entsprechende Veröffentlichung im kommunalen Amtsblatt oder im Staatsanzeiger des Landes Hessen eine Ungültigkeitserklärung des entwendeten Dienstsiegels vornehmen kann.

Der Hauptanwendungsfall zur Benutzung des Dienstsiegels in der Schule ergibt sich aus § 61 Abs. 3 Satz 3 VOGestSchV, wonach Abschluss- und Abgangszeugnisse, Übergangszeugnisse und Zeugnisse mit einer Querversetzung das Dienstsiegel der Schule enthalten. In diesen Fällen ist das Dienstsiegel des Landes Hessen zu verwenden, da die Prüfungen in der Verantwortung des Landes Hessen und nicht des jeweiligen Schulträgers stehen.

§ 20 Abs. 5 [Arbeits- und Gesundheitsschutz]

Die Schulleiterin oder der Schulleiter ist für den schulischen Arbeits- und Gesundheitsschutz verantwortlich.

Erläuterungen:

Diese mit der Novellierung 2011 eingefügte Vorschrift stellt eine schulbezogene Konkretisierung der allgemeinen Regelung über die Schulgesundheitspflege nach § 149 HSchG dar und korrespondiert mit § 19 Abs. 2 DO, sodass hinsichtlich aller Einzelheiten auf die dortigen Hinweise Bezug genommen werden kann.

§ 21 [Unterrichtsausfall]

Die Schulleiterin oder der Schulleiter kann aus besonderen Gründen den Unterricht einzelner oder aller Klassen der Schule bis zur Dauer eines Tages ausfallen lassen. Jeder ganztägige Unterrichtsausfall aller Klassen der Schule ist unter Angabe der Gründe unverzüglich der Schulaufsichtsbehörde zu melden.

Erläuterungen:

Satz 1 dieser Vorschrift stellt zum einen eine Konkretisierung des in § 88 Abs. 3 Nr. 3 HSchG enthaltenen Grundsatzes dar, nach dem der Schulleiter für die Aufrechterhaltung der Ordnung in der von ihm geleiteten Schule verantwortlich ist. Zum anderen ist diese Regelung Bestandteil des in § 90 Abs. 1 Satz 3 i. V. m. § 20 Abs. 1 DO dem Schulleiter übertragenen Hausrechts.

Auf dieser Grundlage ist der Schulleiter berechtigt und in Einzelfällen unter Umständen in Wahrnehmung der ihm gegenüber den Lehrkräften und Schülern obliegenden Fürsorgepflicht sogar verpflichtet, den Unterricht für einzelne Klassen oder die ganze Schule in eigener Zuständigkeit und Verantwortung bis zu einem Schultag (d. h. bei Schulen mit Nachmittagsunterricht auch für den Nachmittagsbereich) ausfallen zu lassen.

Die hierfür denkbaren Gründe können vielfältig sein und von technischen Defekten wie Ausfall der Heizungsanlage im Winter über mangelnde Erreichbarkeit wegen glatter Straßen ohne Schulbusverkehr bis hin zu pädagogischen Überlegungen zum Besuch gemeinsamer Veranstaltungen reichen. In jedem Fall sind Entscheidungen, den Unterricht ausfallen zu lassen, als Ausnahme von der generellen Verpflichtung zu verstehen, nach der die Schule den Schülern, die ihrerseits unabhängig vom Bestehen der Schulpflicht nach § 69 Abs. 2 Satz 1 HSchG einen Anspruch auf Erteilung von Unterricht besitzen, diesen Unterricht anzubieten hat. Von dieser Ausnahmeregelung darf daher nur in eng begrenzten Ausnahmefällen Gebrauch gemacht werden.

Die in **Satz 2** aufgestellte Berichtspflicht ist eine Konkretisierung der allgemeinen Berichtspflicht in § 23 Abs. 1 DO, nach der der Schulleiter verpflichtet ist, die Schulaufsichtsbehörde unverzüglich über alle wesentlichen Vorkommnisse an der Schule in Kenntnis zu setzen. Diese Regelung ist selbstverständlicher Ausdruck der rechtsstaatlichen und aus Art. 7 GG abzuleitenden Einbindung der einzelnen Schule in das gesamte staatliche System. Hieraus folgt, dass die vorgesetzten Dienststellen, das sind im Schulbereich in Hessen zunächst die Staatlichen Schulämter und in Einzelfällen auch das Hessische Kultusministerium, über außergewöhnliche Ereignisse an der einzelnen Schule informiert sind, um selbst auskunftsfähig sein zu können. Der ganztägige Unterrichtsausfall einzelner Klassen und erst recht der ganzen Schule ist nach der Vorgabe des § 21 Satz 2 DO als wesentliches Vorkommnis zu qualifizieren und deshalb unter Angabe der Gründe dem Staatlichen Schulamt zu berichten.

§ 22 [Sprechstunden]

Die Schulleiterin oder der Schulleiter hält regelmäßig in der Schule Sprechstunden ab, die der Schüler-, Eltern- und Lehrerschaft in geeigneter Weise bekannt zu geben sind.

Erläuterungen:

Die Vorschrift korrespondiert mit § 9 Abs. 2 Satz 1 und Abs. 5 DO, wonach alle Lehrkräfte zur Beratung der Schüler und deren Eltern sowie zur Teilnahme an Elternsprechtagen verpflichtet sind.

Da der Schulleiter je nach Größe der Schule in unterschiedlichem Umfang ebenfalls zur Erteilung von Unterricht verpflichtet und damit zum Kreis der Lehrkräfte zu zählen ist, besteht auch für ihn die Verpflichtung, mindestens im Rahmen eigener Sprechstunden den Schülern und deren Eltern zur Auskunft und Beratung zur Verfügung zu stehen. Damit kann sowohl seinen aus dem Leitungsamt herrührenden Belastungen als auch dem Informationsbedürfnis der Schüler und Eltern angemessen entsprochen werden.

Darüber hinaus ergeben sich aus der Leitungsfunktion des Schulleiters Auskunfts- und Beratungspflichten, die über seine Unterrichtserteilung hinausgehen. Diese Auskunfts- und Beratungspflichten entstehen insbesondere im Zusammenhang mit der Aufnahme und Entlassung von Schülern oder bei Fehlverhalten von Schülern.

Aufgrund seiner Leitungsfunktion nach §§ 87 ff HSchG und der Vorgesetztenfunktion nach § 3 Abs. 3 HBG in Verbindung mit § 88 Abs. 4 Satz 1 HSchG gegenüber den Lehrkräften an der Schule ist der Schulleiter in vielfältigen persönlichen oder dienstlichen Angelegenheiten der Lehrkräfte für diese Ansprechpartnerin oder Ansprechpartner der von ihm geleiteten Schule.

Insoweit gehört es zu seinen selbstverständlichen Pflichten, diesem Personenkreis in einem berechenbaren zeitlichen Rahmen zur Verfügung zu stehen.

Dabei bleiben förmliche Verpflichtungen im Rahmen der Leitung von Konferenzen oder in Gesprächen mit dem Schulpersonalrat ebenso unberührt wie Besprechungen aus aktuellen Anlässen außerhalb der festgelegten und durch Aushang oder Mitteilung in Konferenzen veröffentlichten Sprechstunden.

§ 23 Abs. 1 [Berichtspflicht]

Die Schulleiterin oder der Schulleiter ist verpflichtet, der Schulaufsichtsbehörde unverzüglich fernmündlich sowie per Email über alle wichtigen Vorkommnisse zu berichten und erforderlichenfalls einen schriftlichen Bericht nachzureichen. Besonders wichtige Vorkommnisse sind unverzüglich auch dem Kultusministerium fernmündlich sowie per Email mitzuteilen.

Erläuterungen:

Diese Vorschrift beschreibt – mit Ausnahme von Absatz 2 – Berichtspflichten des Schulleiters gegenüber der Schulaufsicht.

Absatz 1 **Satz 1** enthält eine Generalklausel, nach der der Schulleiter verpflichtet ist, die für die von ihm geleitete Schule zuständige Schulaufsichtsbehörde über alle wichtigen Vorkommnisse zu unterrichten. Hierbei ist – wie sich aus der weiteren Berichtspflicht in Satz 2 gegenüber dem Hessischen Kultusministerium ergibt – lediglich die Unterrichtung der unmittelbar zuständigen Schulaufsichtsbehörde, d. h. des örtlich zuständigen Staatlichen Schulamtes erfasst.

Diese Berichtspflicht ist Ausdruck der behördlichen Hierarchie zwischen Schule und Schulaufsicht und dient der Sicherstellung einer einheitlichen Darstellung und Sprachregelung bei aktuellen Vorfällen gegenüber der Öffentlichkeit. Sie ist nicht Ausdruck obrigkeitsstaatlicher Kontrolle, sondern dient der gemeinsamen Abstimmung und Zusammenarbeit im Interesse der Schüler, um im Einzelfall erforderlich werdende Maßnahmen, zu denen auch die Einschaltung weiteren Behörden gehören kann, abstimmen zu können.

Die notwendige Form der Berichterstattung ist durch die Novellierung 2011 differenziert und den modernen Kommunikationsmitteln angepasst worden. Dabei geht der Verordnungsgeber davon aus, dass im Regelfall fernmündliche und elektronische Mitteilungen ausreichen werden und Berichte in klassischer Schriftform im Regelfall nicht mehr erforderlich sein werden. Damit wird für die Mehrzahl der Berichtsanlässe eine Entlastung der Schulleiter erreicht werden können.

Satz 2 erweitert die generelle Berichtspflicht gegenüber der unteren Schulaufsichtsbehörde um eine gegenüber der obersten Schulaufsichtsbehörde in besonders wichtigen Fällen, allerdings wird diese Berichtspflicht auf die Kommunikationswege Telefon und Email beschränkt.

Mit dieser Regelung soll zum einen eine umgehende Information des Hessischen Kultusministeriums in besonders gelagerten Fällen sicher gestellt werden und zum anderen – entsprechend der generellen Regelung in Satz 1 – erreicht werden, dass das Hessische Kultusministerium bei herausragenden Anlässen ebenso sprechfähig ist wie die ihm nachgeordneten Dienststellen.

Insoweit kann – ausdrücklich beschränkt auf herausragende Einzelfälle – auf die Grundsätze zu Satz 1 verwiesen werden. Insgesamt ist bezüglich der Anwendung dieser Berichtspflicht deren Ausnahmecharakter zu betonen, was umgekehrt einschließt, dass die Berichtserwartungen und -anforderungen des Hessischen Kultusministeriums auf Einzel- und Ausnahmefälle beschränkt bleiben. Dies entspricht der generellen Aufgabenverteilung zwischen den Staatlichen Schulämtern und dem Hessischen Kultusministerium; während das Hessische Kultusministerium die Planungs- und Steuerungsinstanz unter Einschluss der politischen Entscheidungsebene darstellt, obliegt den Staatlichen Schulämtern die Befassung mit Einzelfragen und deren Entscheidung.

§ 23 Abs. 2 [Unfälle]

Bei Unfällen hat die Schulleiterin oder der Schulleiter oder die aufsichtsführende Lehrkraft alle zur Hilfeleistung und zur Beweissicherung erforderlichen Maßnahmen zu treffen. Unfälle sind unverzüglich der zuständigen Stelle zu melden.

Erläuterungen:

Diese Regelung ist Ausdruck der allgemeinen Fürsorgepflicht des Schulleiters und aller Lehrkräfte für die der Schule anvertrauten Schüler und sonstigen Mitarbeiter.

Während bei § 20 Abs. 1 DO die Prävention im Mittelpunkt der Verantwortung des Schulleiters steht, sieht § 23 Abs. 2 ihn auch in den Fällen in der Verantwortung, in denen bereits ein Unfall eingetreten ist.

Diese Regelung in **Satz 1** stellt zudem eine Konsequenz der nach §§ 223 ff/13 StGB für alle einschließlich des Schulleiters bestehenden Garantenstellung dar, nach der sie zur Schadensabwendung bei Unfällen zur Vermeidung weiterer Schäden verpflichtet sind.

Eine solche Rechtspflicht zur Erfolgsabwendung (sogenannte Garantenstellung) ergibt sich für den Lehrer aus folgender Rechtsposition:

Durch die Übernahme des Amtes übernimmt jede Lehrkraft als Dienstverpflichtung bestimmte Aufsichts- und Schutzpflichten gegenüber den ihm anvertrauten Schülern.

Danach ist sie als Schutzperson verpflichtet, für die Unversehrtheit dieser Schüler Sorge zu tragen.

Diese Schutz- und Fürsorgepflichten sind durch die oberste Schulaufsichtsbehörde in den allgemeinen und besonderen Regelungen über die Aufsicht (VO über die Aufsicht über Schüler in der Fassung vom 2. 1. 2009, ABl. S. 98 ff, nebst Anlagen) noch näher konkretisiert worden.

Im einzelnen ist Voraussetzung für die Strafbarkeit einer Körperverletzungs- oder Tötungshandlung durch Unterlassen, dass eine Gefahrensituation besteht, die durch das Eingreifen des Täters abgewendet werden kann, die jeweilige Erfolgsabwendungshandlung dem Täter möglich ist, der Täter handlungspflichtig ist, d. h. eine sogenannte Garantenstellung besitzt und der Täter die entsprechende Rettungshandlung nicht vorgenommen hat.

Die Grenzen der Handlungspflicht des Täters ergeben sich aus der individuellen Zumutbarkeit und objektiven Erforderlichkeit.

Die in **Satz 2** genannte Meldepflicht von Unfällen zielt vorrangig auf die Notwendigkeit der umgehenden Information des zuständigen Trägers der gesetzlichen Unfallversicherung nach dem SGB VII, das ist in Hessen die Unfallkasse Hessen (UKH).

Die umgehende Meldung an die UKH ist vor allem für deren möglichst zeitnahe Einleitung eigener Maßnahmen zur Unfallnachsorge erforderlich, um zur Verhütung weiterer Folgeschäden nach einem Unfall beitragen zu können. Hierzu kann auf die von der UKH herausgegebenen Informationsschriften verwiesen werden.

§ 23 Abs. 3 [Berichtspflicht betr. Personal im Landesdienst]

Der Schulaufsichtsbehörde ist unverzüglich zu berichten, wenn

1. **Eine Lehrkraft oder eine sozialpädagogische Mitarbeiterin oder ein sozialpädagogischer Mitarbeiter infolge Erkrankung innerhalb eines Zeitraums von sechs Monaten mehr als drei Monate keinen Dienst getan hat (§ 51 Abs. 1 Satz 1 HBG);**
2. **Bereits vor dem in Nr. 1 genannten Zeitpunkt Zweifel über die Dienstunfähigkeit einer Lehrkraft oder einer sozialpädagogischen Mitarbeiterin oder eines sozialpädagogischen Mitarbeiters bestehen (§ 51 Abs. 1 Satz 2 HBG);**
3. **Eine Lehrkraft oder eine sozialpädagogische Mitarbeiterin oder ein sozialpädagogischer Mitarbeiter körperlich verletzt wird und deshalb dem Dienst fernbleibt (§ 103 HBG);**
4. **Von einer Lehrkraft oder einer Lehrkraft im Vorbereitungsdienst bei Versäumnis wegen Krankheit am vierten Tag der Erkrankung noch keine ärztliche Bescheinigung vorgelegt worden ist;**
5. **Eine im Angestelltenverhältnis beschäftigte Lehrkraft, eine sozialpädagogische Mitarbeiterin oder ein sozialpädagogischer Mitarbeiter oder sonstige an der Schule tätige Beschäftigte des Landes wegen Krankheit dem Dienst fernbleiben (§ 37 des Bundesangestelltentarifvertrages, § 22 des Tarifvertrages für den öffentlichen Dienst des Landes Hessen);**
6. **Eine nebenamtlich oder nebenberuflich beschäftigte Lehrkraft oder eine sozialpädagogische Mitarbeiterin oder ein sozialpädagogischer Mitarbeiter erkrankt oder aus anderen Gründen dem Dienst fernbleibt (Vermeidung von Überzahlungen);**
7. **Eine Lehrkraft oder eine sozialpädagogische Mitarbeiterin oder ein sozialpädagogischer Mitarbeiter, welche oder welcher am Aufbau eines Lebensarbeitszeitkontos teilnimmt, länger als sechs Wochen ununterbrochen erkrankt ist.**

Erläuterungen:

Die in Absatz 3 enthaltenen Berichtspflichten des Schulleiters betreffen ausschließlich das im Landesdienst stehende Personal der von ihm geleiteten Schule. Hier muss der Schulleiter in seiner Funktion als Vorgesetzter nach § 3 Abs. 3 HBG i. V. m. § 88 Abs. 4 HSchG in den konkret genannten Fällen der Schulaufsichtsbehörde berichten, bei der die Personalhauptakten der an der von ihm geleiteten Schule tätigen Mitarbeiter geführt werden. Damit soll sichergestellt werden, dass bestimmte personalrechtliche Rechtsfolgen, die nachfolgend vorgestellt werden, stattfinden können. Die im Text der Dienstordnung genannten Regelungen des HBG sind dem Stand nach dem zweiten Dienstrechtsmodernisierungsgesetzes zum 1.3.2014 anzupassen, die aktuellen Regelungen des HBG werden in den jeweiligen Kommentierungen angeführt.

1. Nach § 26 Abs. 1 Satz 2 BeamtStG besteht die – widerlegliche – Vermutung, dass ein Beamter dienstunfähig ist, wenn er in einem Zeitraum von sechs Monaten mehr als drei Monate keinen Dienst verrichtet hat und keine Aussicht besteht, dass er innerhalb weiterer sechs Monate wieder die volle Dienstfähigkeit erlangen wird. Mit der in diesen Fällen vorgesehenen Berichtspflicht wird das Staatliche Schulamt in die Lage versetzt, die Dienstfähigkeit der betroffenen Lehrkraft in der Regel durch eine amtsärztliche Untersuchung zu überprüfen. Diese Überprüfung ist sowohl aus Gründen der Fürsorge gegenüber der Lehrkraft als auch zur Sicherstellung eines möglichst ungestörten Schulbetriebs erforderlich.
2. Nach § 26 Abs. 1 Satz 2 BeamtStG hat der Dienstvorgesetzte immer dann, wenn Anhaltspunkte für die Dienstunfähigkeit eines Beamten bestehen, dessen Dienstfähigkeit zu überprüfen. Hierzu ist es erforderlich, dass das zuständige Staatliche Schulamt vom Schulleiter über die Zweifel an der Dienstfähigkeit einer Lehrkraft möglichst umgehend informiert wird, um die erforderlichen Überprüfungen in der Regel durch eine amtsärztliche Untersuchung einzuleiten.
3. Nach § 81 HBG (neu) hat der Dienstherr bei Verletzung eines Beamten durch einen Dritten – z. B. im Zuge eines Verkehrsunfalls – zu prüfen, ob er dem Schädiger gegenüber Schadensersatzansprüche wie Aufwendungen für die Heilung oder Besoldung während der Zeit der Dienstunfähigkeit geltend machen kann. Um insoweit keine Fristen zu versäumen, ist der Schulleiter verpflichtet, derartige Ereignisse unmittelbar zu berichten.
4. Nach § 12 Abs. 1 Satz 2 DO sind alle Lehrkräfte verpflichtet, spätestens am dritten Tag eines krankheitsbedingten Fernbleibens vom Dienst ein ärztliches Attest vorzulegen, aus dem sich möglichst die voraussichtliche Dauer der Erkrankung ergeben soll. Sofern eine Lehrkraft dieser Verpflichtung nicht nachkommen sollte, würde dies bei Beamten einen Verstoß gegen seine Dienstpflichten und bei Tarifbeschäftigten einen Verstoß gegen seine arbeitsvertraglichen Pflichten bedeuten, die bei Beamten nach den Regeln des HDG disziplinarisch und bei Tarifbeschäftigten arbeitsrechtlich geahndet werden könnte.
5. Bei Lehrkräften und sonstigen an der Schule im Tarifbeschäftigtenverhältnis tätigen Mitarbeitern an der Schule sehen die tarifvertraglichen Regelungen (§§ 44 ff SGB V) im Krankheitsfall nach sechs Wochen eine Umstellung der Vergütung in eine von der Krankenversicherung zu leistende Lohnfortzahlung im Krankheitsfall vor. Erkrankungen dieser Beschäftigtengruppe sind daher gesondert und unabhängig von der jährlichen Meldung aller an der Schule Beschäftigten im Dienst des Landes Hessen nach § 18 Abs. 3 DO unmittelbar zu berichten.
6. Die hier aufgeführte Personengruppe wird im Gegensatz zu den bisher genannten Beschäftigten an der Schule nicht pauschal, sondern nur nach den tatsächlich gehaltenen Stunden vergütet. Insoweit dient die Berichtspflicht bezüglich des Fernbleibens vom Dienst von Mitarbeitern dieser Personengruppe – wie in Ziffer 6 ausdrücklich erwähnt – der Vermeidung der Überzahlung von Bezügen und der sich sonst ggf. anschließenden aufwändigen Rückforderung dieser Überzahlungen.
7. Seit dem 1. 1. 2007 werden nach § 1 Abs. 8 Satz 1 PflichtstundenVO vom 29. 1. 2010 (ABl. S. 54) hauptamtlichen Lehrkräften und Sozialpädagogen 0,5 Pflichtstunden pro Kalenderwoche auf einem Lebensarbeitszeitkonto bis zum Ende des Halbjahres, in dem sie das 50. Lebensjahr vollenden, gutgeschrieben. Diese Ansparung entfällt nach § 1 Abs. 8 Satz 4 PflichtstundenVO, wenn die an diesem Programm teilnehmende Lehrkraft länger als sechs Wochen krankheitsbedingt keinen Dienst verrichten kann. Dementsprechend

ist diese mit der Novellierung 2011 eingeführte Berichtspflicht zur Sicherstellung einer ordnungsgemäßen Erfassung erforderlich.

§ 24 Abs. 1 [Anwesenheitspflicht]

Die Schulleiterin oder der Schulleiter oder eine Vertreterin oder ein Vertreter muss während des Unterrichts in der Schule anwesend sein.

Erläuterungen:

Die Schulleiterin oder der Schulleiter nimmt aufgrund ihrer Leitungsfunktion an der einzelnen Schule eine Sonderrolle ein. Die gesamte Leitungs- und Führungsfunktion der Schule knüpft an ihre oder seine Tätigkeit an. Dementsprechend wird es als unverzichtbar angesehen, dass während des Schulbetriebs eine Vertreterin oder ein Vertreter der Schulleitung, d. h. die Leiterin oder der Leiter oder die unmittelbare Vertreterin oder der unmittelbare Vertreter anwesend ist. Damit soll sichergestellt werden, dass die im Einzelfall im Schulbetrieb täglich zu treffenden Entscheidungen von der oder dem dafür verantwortlichen Schulleitungsmitglied getroffen werden könne.

Demzufolge beschreibt Absatz 1 als Regelfall die Verpflichtung der Schulleiterin oder des Schulleiters zur Anwesenheit während der Unterrichtszeit. Diese Anwesenheitsverpflichtung richtet sich nach den Gegebenheiten an der einzelnen Schule, so dass an Grundschulen wegen des dort üblicherweise früheren Unterrichtsschlusses auch eine geringere Anwesenheitspflicht der Schulleiterin oder des Schulleiters besteht als an Schulen der Sekundarstufe I, Gymnasien oder berufsbildenden Schulen, an denen meist auch nachmittags noch Unterrichts- oder sonstige Schulveranstaltungen stattfinden. Mit dieser Regelung soll sichergestellt werden, dass die in den §§ 87 ff HSchG i. V. m. §§ 15 ff DO beschriebenen Aufgaben im Regelfall von der oder dem dafür originär zuständigen Schulleiterin oder Schulleiter oder ihrer oder seiner Vertreterin oder ihrem oder seinem Vertreter wahrgenommen werden können.

§ 24 Abs. 2 [Beurlaubung, Dienstbefreiung]

Die Beurlaubung der Schulleiterin oder des Schulleiters oder die Gewährung von Dienstbefreiung an sie oder ihn erfolgt durch die Schulaufsichtsbehörde.

Erläuterungen:

Absatz 2 entspricht der hierarchischen Stellung der Schulleiterin oder des Schulleiters. Während die Lehrkräfte nach § 16 Nr. 6/7 DO durch die Schulleiterin oder den Schulleiter beurlaubt werden können, bedürfen sie oder er einer Beurlaubungsentscheidung durch die Schulaufsichtsbehörde, diese ist außer bei Schulen in der Trägerschaft des Landeswohlfahrtsverbandes das örtlich zuständige Staatliche Schulamt als nächsthöhere Behörde.

FÜNFTER TEIL
Stellvertretende Schulleiterin und Stellvertretender Schulleiter

§ 25 [Geschäftsverteilungsplan, gegenseitige Unterrichtung]

1. **An Schulen, an denen eine stellvertretende Schulleiterin oder ein stellvertretender Schulleiter (planmäßige Vertreterin oder planmäßiger Vertreter) bestellt ist, nimmt die Stellvertreterin oder der Stellvertreter ihre oder seine Aufgaben auf der Grundlage eines Geschäftsverteilungsplanes unter Berücksichtigung der Funktion selbstständig und eigenverantwortlich wahr. Die Gesamtverantwortung der Schulleiterin oder des Schulleiters für die Schule bliebt unberührt.**
2. **Schulleiterin oder Schulleiter und Stellvertreterin oder Stellvertreter unterrichten sich gegenseitig über alle wichtigen dienstlichen Angelegenheiten.**

Erläuterungen:

Kaum eine Berufsgruppe innerhalb des Schulbereichs wird in Normgebung und Literatur so wenig behandelt wie die des stellvertretenden Schulleiters. Dabei ist seine Bedeutung viel größer als gemeinhin angenommen wird, stellt er doch neben dem Schulleiter die wichtigste Führungskraft innerhalb der Schule dar.

In §§ 87 ff HSchG werden zwar Aufgaben und Stellung des Schulleiters sowie das Verfahren zu seiner Besetzung beschrieben, der stellvertretende Schulleiter wird demgegenüber in § 87 Abs. 1 Satz 1 HSchG nur erwähnt. Ein klares Bild dessen, was den stellvertretenden Schulleiter inhaltlich ausmacht, lässt sich aus dieser bloßen Erwähnung nicht gewinnen.

Dies gilt auch für § 25 **Abs. 1 Satz 1** DO, denn auch hier wird lediglich die Existenz des stellvertretenden Schulleiters festgestellt, aber die von ihm wahrzunehmenden Aufgaben werden nicht beschrieben, insoweit wird auf den nach § 87 Abs. 1 Satz 2 HSchG zu verabschiedenden Geschäftsverteilungsplan der Schulleitung verwiesen.

Daneben wird in § 25 **Abs. 1 Satz 2** DO die sich bereits aus § 87 Abs. 1 Satz 5 HSchG beschriebene Gesamtverantwortung des Schulleiters für die von ihm geleitete Schule genannt.

Ferner erwähnt § 25 **Abs. 2** DO die Notwendigkeit gegenseitiger Unterrichtung zwischen Schulleiter und Stellvertreter, die aus der in § 87 Abs. 2 Satz 1 HSchG vorgesehenen Koordinationspflicht der Mitglieder der Schulleitung folgt.

Die Grundfunktion des stellvertretenden Schulleiters liegt in seiner Rolle als **Vertreter** des Schulleiters, wie dies bereits aus dem Begriff selbst deutlich wird.

Daran knüpft die grundsätzliche Aussage, dass der stellvertretende Schulleiter im Verhinderungsfalle des Schulleiters in alle Rechte und Pflichten des Schulleiters eintritt, m.a.W. ihn in vollem Umfang vertritt. Dies bedeutet, dass der stellvertretende Schulleiter im Verhinderungsfall des Schulleiters alle Aufgaben des Schulleiters, wie sie sich aus dem Zuständigkeitskatalog der §§ 87 ff HSchG i. V. m. §§ 15 ff DO ergeben, wahrzunehmen hat.

Neben diesen nur im Verhinderungsfall des Schulleiters wahrzunehmenden Aufgaben ist aufgrund der Hinweise in § 87 Abs. 1 Satz 2 HSchG und § 25 Abs. 1 Satz 1 DO auf den Geschäftsverteilungsplan der Schulleitung in der praktischen Anwendung davon auszugehen, dass dem stellvertretenden Schulleiter Aufgaben zur eigenverantwortlichen Erledigung aus dem Aufgabenkatalog des Schulleiters übertragen werden sollen.

Mangels entsprechender Ausführungen in den hessischen Regelungen kann zur Beschreibung typischer Weise auf den stellvertretenden Schulleiter zu übertragenden Aufgaben auf den in Ziffer 3 der Dienstordnung für Lehrkräfte in Rheinland-Pfalz enthaltenen Katalog verwiesen werden.

Danach gehören zum Bereich der pädagogischen Aufgaben:
- Unterstützung der Lehrkräfte in pädagogischen Angelegenheiten,
- Hinwirken auf die Erörterung fachdidaktischer und fachmethodischer Fragen in den Fachkonferenzen,
- Beachtung der Durchführung der Lehrpläne,
- Mitwirkung bei der Weiterentwicklung bestehender und der Erarbeitung neuer Lehrpläne,
- Förderung der Vereinheitlichung der Bewertungsmaßstäbe, insbesondere in Parallelklassen,
- Koordination der Anforderungen und Leistungsbewertungen,
- Leitung der stufenbezogenen Elternversammlungen,
- Einrichtung und Beobachtung des Ergänzungsunterrichts,
- Ermöglichung und Erprobung neuer Unterrichtsmethoden,
- Sorge für die Erfüllung des Lehrplans in bestimmten Unterrichtsbereichen im Auftrag des Schulleiters,
- Durchführung von Unterrichtsbesuchen in Einzelfällen im Auftrag des Schulleiters,
- Einblicknahme in Klassen- und Kursarbeiten,
- Herbeiführung der Entscheidung der Fachkonferenzen in Streitfällen,
- Förderung der Fortbildung der Kollegen in den ihm übertragenen Fächern und Unterrichtsbereichen,
- Beratung der Lehrkräfte im Beamtenverhältnis auf Probe und im Angestelltenverhältnis während deren Probezeit bei ihrer Unterrichtstätigkeit und regelmäßigen Bericht hierüber an den Schulleiter.

Zum Bereich der übertragbaren Verwaltungsaufgaben gehören:
- Verwaltung der der Schule zugewiesenen Haushaltsmittel einschließlich der Feststellung der Richtigkeit von Rechnungen, Führung der Haushaltsüberwachungsliste und des Dauervorschusses,
- Verwaltung des Schulvermögens,
- Erstellung des Stundenplans und der Raumbelegungspläne,
- Regelung der Vertretungen und Aufsichten,
- Unterstützung und Beratung der Lehrkräfte in Verwaltungsangelegenheiten,
- Unterzeichnung von Schulbescheinigungen.

Während die vorstehend aufgeführten zu übertragenden Aufgaben aus dem Verwaltungsbereich weitgehend dem traditionellen Aufgabenverständnis des stellvertretenden Schulleiters entsprechen, stellt der Übertragungskatalog aus dem Bereich der pädagogischen Aufgaben im Wesentlichen eine Abkehr von dem traditionellen Rollenverständnis des stellvertretenden Schulleiters hin zu einer partnerschaftlichen Aufgabenwahrnehmung zwischen Schulleiter und Stellvertreter in einem Team dar.

Diese Form der teambezogenen Aufgabenwahrnehmung wird besonders im Zusammenhang mit der Übertragung weiterer Zuständigkeits- und Verantwortungsbereich auf die einzelne Schule bei Erhöhung deren Selbstverantwortung noch weiter an Bedeutung gewinnen.

In der Vergangenheit lag die Leitung einer Schule ausschließlich in den Händen des Schulleiters und seines planmäßigen Vertreters, dies schränkte die Möglichkeiten der Beteiligung weiterer Lehrkräfte an Leitungsaufgaben auf die Übertragung konkreter Einzelaufträge ein.

Durch die Einführung der Schulleitung in § 87 Abs. 1 HSchG ist eine Erweiterung des Kreises der Personen, die mit Leitungsaufgaben an einer Schule betraut werden können, erfolgt. Diese Mitglieder der Schulleitung geben sich einen Geschäftsverteilungsplan, auf dessen Grundlage die einzelnen Mitglieder der Schulleitung die ihnen – bezogen auf ihre Funktionen – übertragenen Aufgaben in eigener Verantwortung wahrnehmen. Hierzu kann auch die Übernahme von Vorgesetztenfunktionen gehören, wenn dies an einer Schule – z. B. an beruflichen Schulen an mehreren Standorten durch die Abteilungsleiter – für die ordnungsgemäße Erledigung der Aufgaben erforderlich ist.

Die Koordination dieser arbeitsteilig angelegten Aufgabenerledigung in der Schulleitung erfolgt nach § 87 Abs. 2 HSchG in regelmäßigen Dienstbesprechungen, zu denen weitere Lehrkräfte, Vertreter des Schulelternbeirates, der Schülervertretung, der Verwaltungspersonals und des Schulpersonalrates hinzugezogen werden können.

Mit der Einrichtung der Schulleitung als Leitungsteam der einzelnen Schule ist mindestens in den Systemen, an denen Lehrkräfte mit besonderen Funktionen vorhanden sind, eine weit reichende Möglichkeit zur Aufgabenverteilung eingerichtet worden; dies gilt im Wesentlichen für die großen Schulsysteme wie Gymnasien, Gesamtschulen oder berufliche Schulen, an denen Fachbereichsleiter, Oberstufenleiter, Stufen- oder Schulzweig- oder Abteilungsleiter als besondere Funktionsstellen zur Verfügung stehen. Lediglich an kleineren Systemen, bei denen neben dem Schulleiter – wenn überhaupt – allein der stellvertretende Schulleiter als Leitungspersonal vorhanden ist, scheiden die Möglichkeiten der regelmäßigen Aufgabenübertragung weiterhin aus.

Der zulässige Umfang der Übertragung von Aufgaben auf die Mitglieder des Schulleitungsteams hängt im Kern davon ab, ob die nach §§ 87 ff HSchG i. V. m. §§ 15 ff DO originär dem Schulleiter übertragenen Aufgaben einer Delegation auf Dritte überhaupt rechtlich zugänglich sind. Hierbei ist zu unterscheiden zwischen den Aufgaben, die an die Vorgesetztenfunktion des Schulleiters nach § 3 Abs. 3 HBG anknüpfen, die sämtlich auf Dritte übertragen werden können, und den Aufgaben, die aus der Dienstvorgesetzteneigenschaft des Schulleiters nach § 3 Abs. 2 HBG folgen, bei denen eine Übertragung auf Dritte ausgeschlossen ist.

Hieraus folgt, dass alle im Rahmen von Kompetenzerweiterungen des Schulleiters nach § 16 DO übertragenen Dienstvorgesetztenfunktionen originäre Aufgaben des Schulleiters sind, die einer Übertragung nur im Vertretungsfall und dann auch nur auf den stellvertretenden Schulleiter zugänglich sind.

Demgegenüber sind insbesondere die pädagogischen Regelaufgaben des Schulleiters, aber auch seine im Rahmen von Personalentwicklung und Budgetverwaltung wahrzunehmenden Tätigkeiten einer Übertragung auf Mitglieder der Schulleitung, besonders auf den stellvertretenden Schulleiter zugänglich.

Für die praktische Umsetzung in der einzelnen Schule bedeutet dies, dass in dem für die Schulleitung zu entwickelnden Geschäftsverteilungsplan eine Aufgabenaufteilung dergestalt vorzunehmen ist, dass die Aufgaben, die von Gesetzes wegen einer Übertragung vom Schulleiter auf Dritte unzugänglich sind, beim Schulleiter verbleiben müssen, während für alle übrigen Aufgaben eine gleichmäßige Verteilung auf alle Schulleitungsmitglieder anzustreben ist. Diese Verteilung hat sich an den originären Aufgaben der in der Schulleitung tätigen Funktionsstelleninhaber zu orientieren.

So kann diesen Leitungskräften die Verantwortung für folgende Bereiche übertragen werden:
- Durchführung von Mitarbeiter- oder Jahresgesprächen mit den Lehrkräften in dem Schulzweig oder der Abteilung,
- Überwachung des Fortbildungsplans der einzelnen Lehrkräfte,
- Personalentwicklung im engeren Sinne,
- Schüleraufnahme in ihrem Schulzweig oder ihrer Abteilung.

Eine solche Aufgabenverteilung bedarf jedoch, um eine gleichmäßige Wahrnehmung sicher und die Gesamtverantwortung des Schulleiters nach § 87 Abs. 1 Satz 5 HSchG i. V. m. § 25 Abs. 1 Satz 2 DO nicht in Frage zu stellen, einer engen inhaltlichen Abstimmung, die in § 25 Abs. 2 DO ausdrücklich und wechselseitig verlangt wird, womit der Teamgedanke besonders unterstrichen wird.

Auch wenn die Gesamtverantwortung des Schulleiters für seine Schule unverändert bestehen bleibt, was sich aus seiner Funktion als Dienststellen- oder Behördenleiter ergibt, wird sich das Bild des stellvertretenden Schulleiters in der Zukunft deutlich verändern.

§ 26 Abs. 3 [Informationspflicht]

Aus dem bloßen Abwesenheitsvertreter, dem einige Verwaltungsaufgaben vom Schulleiter übertragen wurden, wird sich künftig ein eigenständiger Funktionsträger mit einem im Regelfall klar beschriebenen Profil entwickeln.

Auf diese besondere Funktion und deren Anforderungen ist dann sowohl bei der Ausschreibung von zu besetzenden Stellen als auch bei der konkreten Auswahlentscheidung als auch bei der Aus- und Fortbildung dieses Personenkreises in besonderer Weise zu achten.

§ 26 Abs. 1 [Führung der Amtsgeschäfte]

Bei Abwesenheit der Schulleiterin oder des Schulleiters werden ihre oder seine Amtsgeschäfte von der planmäßigen Vertreterin oder dem planmäßigen Vertreter geführt.

Erläuterungen:

Absatz 1 beschreibt die Grundfunktion des stellvertretenden Schulleiters, nämlich die Wahrnehmung seiner Rolle als **Vertreter** des Schulleiters, wie sie bereits aus dem Begriff selbst deutlich wird.

Daran knüpft die grundsätzliche Aussage, dass der stellvertretende Schulleiter im Verhinderungsfalle des Schulleiters in alle Rechte und Pflichten des Schulleiters eintritt, m.a.W. ihn in vollem Umfang vertritt. Dies bedeutet, dass der stellvertretende Schulleiter im Verhinderungsfall des Schulleiters alle Aufgaben des Schulleiters, wie sie sich aus dem Zuständigkeitskatalog der §§ 87 ff HSchG i. V. m. §§ 15 ff DO ergeben, vollständig wahrzunehmen hat.

§ 26 Abs. 2 [Abwesenheitsvertreter]

Bei Abwesenheit der planmäßigen Vertreterin oder des planmäßigen Vertreters wird die Schulleitung oder der Schulleiter durch eine von der Gesamtkonferenz allgemein gewählte, hauptamtlich an der Schule tätige Lehrkraft, die nicht Mitglied des Schulpersonalrates sein darf, vertreten; die Wahl ist der Schulaufsichtsbehörde bekanntzugeben. Vorstehende Bestimmungen gelten auch, wenn eine planmäßige Vertreterin oder ein planmäßiger Vertreter nicht bestellt ist.

Erläuterungen:

Absatz 2 regelt, dass eine Vertretung des Schulleiters auch dann sichergestellt wird, wenn entweder der planmäßige Stellvertreter selbst abwesend ist oder ein solcher an der Schule nicht vorhanden ist. Dieses Ziel wird dadurch erreicht, dass die Gesamtkonferenz gemäß § 133 Abs. 1 Satz 2 Nr. 17 HSchG i. V. m. § 26 Abs. 2 Satz 1 DO aus dem Kreis der Lehrkräfte der Schule eine Lehrkraft zur Abwesenheitsvertretung durch Wahl bestimmt.

Die praktische Bedeutung dieser Regelung hat durch die Schaffung der Schulleitung in § 87 Abs. 1 HSchG mindestens an den großen Schulsystemen, an denen – wie z. B. an den beruflichen Schulen – verschiedene Funktionsträger wie Abteilungsleiter in der Schulleitung mitarbeiten und im Verhinderungsfall von Schulleiter und Stellvertreter deren Aufgaben entsprechend den Vorgaben ihres Geschäftsverteilungsplanes übernehmen können, abgenommen. Lediglich an kleineren Systemen, wie sie vor allem an Grundschulen zu finden sind, hat die Funktion des gewählten Abwesenheitsvertreters noch eine erhebliche praktische Bedeutung; dies gilt vor allem für die Schulen, an denen wegen der geringen Schülerzahl neben der Stelle des Schulleiters keine weitere Funktionsstelle eingerichtet ist. Zur Vermeidung von Missverständnissen ist an dieser Stelle darauf hinzuweisen, dass insoweit nach ständiger Rechtsprechung der Verwaltungsgerichte kein Mitbestimmungsrecht des Schulpersonalrates besteht; die in diesem Zusammenhang zu empfehlende Information des Personalrates findet lediglich im Rahmen der vertrauensvollen Zusammenarbeit nach § 60 Abs. 1 HPVG statt.

§ 26 Abs. 3 [Informationspflicht]

Sind die Schulleiterin oder der Schulleiter, die planmäßige Vertretung und die Abwesenheitsvertretung gleichzeitig länger als drei Tage abwesend, so ist der Schulaufsichts-

behörde unverzüglich über die Regelung der Vertretung zu berichten; der Schulträger ist zu unterrichten.

Erläuterungen:

Absatz 3 enthält nach seinem Wortlaut lediglich eine Verpflichtung der einzelnen Schule, im Falle der gleichzeitigen Verhinderung von Schulleiter, planmäßigem Vertreter und gewähltem Abwesenheitsvertreter dem zuständigen Staatlichen Schulamt zu berichten, wie in diesem Fall die Vertretung der Schulleitung organisiert worden ist, und den Schulträger von der Vakanzsituation und der Vertretungslösung zu unterrichten.

Inhaltlich ist dieser Regelung zu entnehmen, dass die Schule in dem Fall der gleichzeitigen Abwesenheit von Schulleiter, planmäßigem Vertreter und gewähltem Abwesenheitsvertreter berechtigt ist, eine über die vorgenannten Regelungen hinausgehende Vertretungsregelung zu treffen, ohne hierfür konkreten verfahrensrechtliche oder inhaltliche Vorgaben zu machen.

Der einzelnen Schule ist daher zu empfehlen, für diesen Abwesenheitsfall, der weniger häufig sein dürfte, Regelungen zu treffen, nach denen einzelne Lehrkräfte benannt werden, die im Verhinderungsfall der Funktionsstelleninhaber vorübergehend und vertretungshalber Leitungsaufgaben übernehmen sollen.

Die hier vorgesehene Berichts- und Unterrichtungspflicht gegenüber Staatlichem Schulamt und Schulträger soll dazu dienen, dass diese Behörden von der personellen Notlage auf der Leitungsebene der einzelnen Schule in Kenntnis gesetzt werden, damit sie erforderlichenfalls Maßnahmen zu Unterstützung treffen können (z. B. durch Abordnung eines Schulleitungsmitglieds einer Nachbarschule oder Abordnung einer weiteren Verwaltungskraft zur Unterstützung).

§ 26 Abs. 4 [Ferien]

Abs. 1 und 2 gelten auch für die Ferien.

Erläuterungen:

Absatz 4 erstreckt die Vertretungsregelungen der Abs. 1 und 2 DO auch auf die unterrichtsfreien Zeiten der Schulferien. Mit dieser Regelung soll sichergestellt werden, dass zu jeder Zeit in der Schule ein zu Entscheidungen befugter Vertreter anwesend ist, um z. B. bei Entscheidungen im Rahmen der Lehrereinstellung oder –zuweisung ein verbindliches Votum der Schule erhalten zu können. Vergleichbare Vertretungsregelungen gelten im Übrigen in der Bildungsverwaltung des Landes Hessen, nach denen Leiter und Stellvertreter von Behörden wie den Staatlichen Schulämtern oder dem Hessischen Kultusministeriums selbst zumindest nicht über einen längeren Zeitraum gleichzeitig abwesend sein dürfen.

SECHSTER TEIL
Sozialpädagogische Mitarbeiterinnen und Mitarbeiter

§ 27 [Sozialpädagogische Mitarbeiter/-innen]

Diese Dienstordnung gilt für die an der Schule tätigen sozialpädagogischen Mitarbeiterinnen und Mitarbeiter entsprechend.

Erläuterungen:

Diese Regelung enthält eine dem § 86 Abs. 4 HSchG folgende Entsprechungsklausel. Danach sind die Regelungen der DO jedenfalls insoweit auch für sozialpädagogische Mitarbeiter anzuwenden, soweit diese – wie in § 86 Abs. 4 HSchG vorgesehen – selbst Unterricht erteilen. Im Zuge der den Selbstständigen allgemeinbildenden und beruflichen Schulen eingeräumten zusätzlichen Zuständigkeiten besteht auch die Möglichkeit, selbst zusätzliches nicht lehrendes Personal einzustellen, insoweit wird diese Dienstordnung künftig auch für dieses aus Landesmitteln eingestellte Personal mindestens entsprechend anzuwenden sein.

SIEBTER TEIL
Schlussvorschriften

§ 28 [Außer-Kraft-Treten]

Die Dienstordnung für Lehrkräfte, Schulleiterinnen und Schulleiter und sozialpädagogische Mitarbeiterinnen und Mitarbeiter vom 8. Juli 1993 (ABl. S. 691), geändert durch Verordnung vom 22. Juli 1998 (ABl. S. 598), wird aufgehoben.

Erläuterungen:

Die Vorschrift regelt die notwendigerweise vorzunehmende Aufhebung der früheren Dienstordnung, die durch die hier vorliegende Neufassung ersetzt wird.

§ 29 [In-Kraft-Treten]

Diese Dienstordnung tritt am Tage nach ihrer Verkündung in Kraft. Sie tritt mit Ablauf des 31. Dezember 2016 außer Kraft.

Erläuterungen:

Die Vorschrift regelt sowohl den Zeitpunkt des In-Kraft-Tretens nach der Veröffentlichung im Amtsblatt des Hessischen Kultusministeriums als auch das entsprechend einer generellen Vorgabe der hessischen Landesregierung erforderliche Datum des Außer-Kraft-Tretens, das eine regelmäßige Überprüfung aller Normen auf die Notwendigkeit deren Fortbestehens sicherstellen soll.

Erläuterungen zu aufgehobenen Vorschriften

§ 15 (alt)

Diese mit der Novellierung 2011 aufgehobene Vorschrift stand im Zusammenhang den ebenfalls aufgehobenen §§ 27 – 35 DO, in denen die an den einzelnen Schulen neben den Stellen für Schulleiter und Stellvertreter zu besetzenden Funktionsstellen und die von den Stelleninhabern wahrzunehmenden Aufgaben beschrieben wurden. Insoweit war der Schulleiter durch die Regelungen des §§ 27 – 35 DO bezüglich bestimmter Funktionsstellen und der auf diese übertragbaren Aufgabenregelmäßig weitgehend festgelegt. Im Zuge der selbstständiger werdenden Schule soll diese Festlegung ausschließlich durch den an jeder Schule zu verabschiedenden Geschäftsverteilungsplan erfolgen, sodass die Delegationsregelung des § 15 und die Aufgabenzuweisungen in den §§ 27 - 35 nicht mehr als erforderlich angesehen werden.

§§ 27 bis 35 (alt)

Die mit der Änderungsverordnung 2011 aufgehobenen Vorschriften enthielten differenzierte Funktionsbeschreibungen für alle an den verschiedenen Schulformen tätigen Lehrkräfte mit besonderen Funktionen (z. B. für zweite Konrektoren, pädagogische Leiter an Gesamtschulen, Stufenleiter an Gesamtschulen, Koordinatoren, Studienleiter, Fachbereichsleiter und Abteilungsleiter an beruflichen Schulen).

Im Zuge der selbstständiger werdenden Schule, die die Verteilung der Aufgaben der Mitglieder der Schulleitung im Rahmen eines Geschäftsverteilungsplanes nach § 87 Abs. 1 Satz 2 HSchG i. V. m. § 14 Abs. 1/2 DO selbst vorzunehmen berechtigt ist, wurde die festlegende Beschreibung der Aufgaben der Lehrkräfte mit besonderen Funktionen nicht mehr als erforderlich angesehen.

Der Wegfall dieser Funktionsbeschreibungen wird für künftige Stellenbesetzungsverfahren an selbstständigen Schulen zur Folge haben, dass die Schule selbst – ggf. im Zusammenwirken für die Auswahlentscheidung zuständigen Staatlichen Schulamt – das Stellenprofil, d. h. die Beschreibung der von dem künftigen Inhaber der ausgeschriebenen Stelle wahrzunehmenden Aufgaben, wie sie bisher in den §§ 27 – 35 DO enthalten waren, zusammen mit dem Anforderungsprofil, d. h. den personenbezogenen verbindlichen oder erwünschten Anforderungen an den künftigen Stelleninhaber zu erstellen haben wird.

Bei diesen Beschreibungen des Stellenprofils wird sich die selbstständige Schule vorrangig an der im eigenen Geschäftsverteilungsplan enthaltenen Aufgabenverteilung zu orientieren haben. Allerdings können hilfsweise die bisherigen Regelungen in den jetzt aufgehobenen §§ 27 – 35 DO herangezogen werden, auch wenn diese nach ihrer Aufhebung nur noch unverbindliche Anhaltspunkte darstellen. Insoweit hätte es sich angeboten, diese Regelungen noch für eine gewisse Übergangszeit aufrecht zu erhalten.

Dienstordnung für Lehrkräfte, Schulleiterinnen und Schulleiter und sozialpädagogische Mitarbeiterinnen und Mitarbeiter

vom 4. November 2011 (ABl. S. 870; Gült. Verz. Nr. 7200

Inhaltsübersicht

Aufgrund des § 91 Abs. 1 Satz 1 Nr. 1 in Verbindung mit § 185 Abs. 1 des Hessischen Schulgesetzes in der Fassung vom 14. Juni 2005 (GVBl. I S. 442), zuletzt geändert durch Gesetz vom 16. September 2011 (GVBl. I S. 420), wird verordnet:

ERSTER TEIL
Allgemeines

§ 1

Pflichten und Rechte der Lehrkräfte, der Schulleiterinnen und Schulleiter sowie der sozialpädagogischen Mitarbeiterinnen und Mitarbeiter ergeben sich insbesondere aus den §§ 86, 87, 88 und 90 des Schulgesetzes, dem Hessischen Lehrerbildungsgesetz, den Regelungen dieser Dienstordnung, den Beschlüssen der zuständigen Konferenzen und den Anordnungen der Schulaufsichtsbehörden.

§ 2

Die Lehrkräfte erfüllen den Bildungs- und Erziehungsauftrag der Schule auf der Grundlage fachlichen Könnens, wissenschaftsorientierter und kooperativer Arbeitsweisen, pädagogischer Befähigung und psychologischen Einfühlungsvermögens.

§ 3

Die Bestimmungen des Hessischen Personalvertretungsgesetzes sowie die Regelungen über das Mitbestimmungsrecht der Eltern und der Schüler- und Studierendenvertretungen bleiben durch diese Dienstordnung unberührt.

ZWEITER TEIL
Lehrkräfte

§ 4

(1) Die Lehrkräfte erziehen, unterrichten, beraten und betreuen in eigener Verantwortung und pädagogischer Freiheit im Rahmen der Grundsätze und Ziele der §§ 1 bis 3 des Schulgesetzes sowie der sonstigen Rechts- und Verwaltungsvorschriften und der Konferenzbeschlüsse (§ 86 Abs. 2 Satz 1 und 2 des Schulgesetzes). Der Unterricht ist auf der Grundlage der geltenden Lehrpläne und Bildungsstandards, des geltenden Kerncurriculums sowie unter Beachtung pädagogischer Erkenntnisse, über deren jeweils neuesten Stand die Lehrkräfte sich zu informieren haben, zu erteilen. Eine längerfristige Unterrichtsplanung, in der Regel für ein Schuljahr, und eine gründliche Unterrichtsvorbereitung sind vorzunehmen. Im Unterricht sollen die unterschiedlichen Auffassungen, die für den jeweiligen Unterrichtsgegenstand erheblich sind, angemessen zur Geltung kommen; das Recht der Lehrkraft, im Unterricht auch die eigene Meinung zu äußern, bleibt unberührt.

(2) Die Lehrkräfte sind verpflichtet, an der Entwicklung, Umsetzung und Überprüfung des Schulprogramms mitzuwirken und ihre Unterrichts- und Erziehungsarbeit zu koordinieren.

(3) Lehrkräfte haben die geltenden Rechts- und Verwaltungsvorschriften und Anordnungen der Schulaufsichtsbehörden, Weisungen der Schulleiterin oder des Schulleiters und die Beschlüsse der Schulkonferenz und der Lehrerkonferenzen zu beachten. Sie sind verpflichtet, sich über die geltenden Vorschriften, Weisungen und Konferenzbeschlüsse zu informieren.

(4) Lehrkräfte haben für einen pünktlichen Unterrichtsbeginn und Unterrichtsschluss Sorge zu tragen. Sie sind verpflichtet, die angeordneten schriftlichen Nachweise fortlaufend zu aktualisieren.

(5) Zu den Aufgaben der Lehrkräfte gehört es, im Rahmen der geltenden Vorschriften bei der Lehrerausbildung und Lehrerfortbildung in der Schule mitzuwirken, insbesondere als Mentorinnen und Mentoren der Lehrkräfte im Vorbereitungsdienst und als Betreuerinnen oder Betreuer der Teilnehmerinnen und Teilnehmer der Schulpraktika.

(6) Alle Lehrkräfte haben die Pflicht und das Recht zur ständigen Fort- und Weiterbildung nach näherer Maßgabe des Hessischen Lehrerbildungsgesetzes.

(7) Lehrkräfte haben darauf zu achten, dass das Eigentum des Schulträgers (Schulgebäude, Schuleinrichtungen, Außenanlagen) pfleglich behandelt und dass Beschädigungen vermieden werden.

§ 5

Wollen Lehrkräfte Personen, die nicht zum Kollegium gehören, insbesondere Eltern (§ 16 Abs. 4 des Schulgesetzes), zum Unterricht oder zu sonstigen Schulveranstaltungen heranziehen, so haben sie dabei die Grundsatzbeschlüsse der Schulkonferenz nach § 129 Nr. 7 des Schulgesetzes und der Gesamtkonferenz zu beachten und rechtzeitig die Zustimmung der Schulleiterin oder des Schulleiters einzuholen (§ 15 Abs. 5). Verweigert die Schulleiterin oder der Schulleiter die Zustimmung, können Lehrkräfte die Entscheidung der Schulaufsichtsbehörde einholen.

§ 6

(1) Lehrkräfte sollen die Entwicklung der Schülerinnen und Schüler fördern. Sie sind verpflichtet, sich über die individuellen Lernbedingungen der Schülerinnen und Schüler zu informieren, Lernvoraussetzungen der Klasse oder Kursgruppe zu beachten und eine gerechte und umfassende Beurteilung der Schülerinnen und Schüler vorzunehmen. Unbeschadet der Pflicht zur Verschwiegenheit über Beratungen im Rahmen von Konferenzen haben die Lehrkräfte die von ihnen erteilten Zeugnisnoten den Eltern minderjähriger Schülerinnen und Schüler sowie den Schülerinnen und Schülern auf deren Wunsch näher zu

erläutern; sie sollen zur Festsetzung der Zeugnisnoten die Schülerinnen und Schüler über die vorgesehenen Noten unterrichten und diese im Gespräch mit ihnen begründen.

(2) Lehrkräfte sind für die Beachtung der Schulordnung mitverantwortlich. Sie sind zur Aufsicht verpflichtet. Über wichtige Vorkommnisse, insbesondere unregelmäßigen Schulbesuch, berichten sie der Klassenlehrerin oder dem Klassenlehrer, der Tutorin oder dem Tutor, erforderlichenfalls auch der Schulleiterin oder dem Schulleiter.

(3) Lehrkräfte sollen im Rahmen ihrer Möglichkeiten den Gesundheitszustand der Schülerinnen und Schüler beobachten und in Zusammenarbeit mit den Eltern, der Schulärztin oder dem Schularzt oder anderer fachlich ausgewiesener Beratungsstellen auf die Beseitigung gesundheitlicher Auffälligkeiten, Gefährdungen und Störungen sowohl physischer als auch psychischer Art hinwirken. Hierzu gehört die Einleitung schulischer Maßnahmen zur Gesundheitsförderung und zur Suchtprävention.

(4) Lehrkräfte erbringen bei Unfällen die ihnen möglichen Hilfeleistungen und benachrichtigen unverzüglich die Schulleiterin oder den Schulleiter.

(5) Lehrkräfte halten an der Schule Sprechstunden ab, die in geeigneter Form bekanntzugeben sind.

§ 7

(1) Lehrkräfte sind nicht befugt, Schülerinnen und Schüler zu persönlichen oder schulfremden Dienstleistungen heranzuziehen.

(2) Lehrkräfte dürfen Schülerinnen und Schülern, die sie unterrichten, keinen entgeltlichen Nachhilfeunterricht erteilen.

(3) Lehrkräfte dürfen keine Belohnungen, Geschenke oder sonstigen Vorteile für sich oder eine dritte Person in Bezug auf ihr Amt fordern, sich versprechen lassen oder annehmen. Ausnahmen bedürfen der Zustimmung der zuständigen Behörde (§ 84 Abs. 1 des Hessischen Beamtengesetzes – HBG – in Verbindung mit § 42 Abs. 1 des Beamtenstatusgesetzes). Ferner sind die vom Hessischen Ministerium des Innern und für Sport erlassenen Verwaltungsvorschriften zur Korruptionsbekämpfung in der Landesverwaltung in der jeweils geltenden Fassung zu beachten.

§ 8

(1) Lehrkräfte haben keinen Anspruch darauf, dass ihnen der Unterricht, freiwillige Unterrichtsveranstaltungen und betreuende Maßnahmen zu bestimmten Zeiten, in bestimmten Klassen, Schuljahrgängen, Kursen, Lerngruppen, Schulstufen oder Schulformen oder die Fortführung einer bestimmten Klasse übertragen werden; ihnen ist Gelegenheit zu geben, Einsatzwünsche zu äußern; ist die Verwendung mit besoldungsrechtlichen Konsequenzen verbunden, so entscheidet die Schulaufsichtsbehörde.

(2) Zu den Aufgaben der Lehrkräfte gehört auch die Mitwirkung bei Veranstaltungen der Klasse oder Lerngruppe, insbesondere die Vorbereitung und Durchführung von Wandertagen, Wander- und Studienfahrten, Betriebsbesichtigungen, Exkursionen und Betriebspraktika. Eine Mitwirkungspflicht besteht ferner bei Veranstaltungen der Schule, insbesondere bei Projekttagen, Projektwochen, die zusätzlich zu den Unterrichtsvorhaben nach § 133 Abs. 1 Nr. 9 des Schulgesetzes durchgeführt werden, Schulsportwettbewerben und schulkulturellen Veranstaltungen. Dies gilt auch für die von der Schulkonferenz beschlossenen besonderen Schulveranstaltungen, insbesondere die Vorbereitung und Durchführung von Schulfesten. Bei Veranstaltungen der Schülervertretung besteht keine Mitwirkungspflicht.

(3) Lehrkräfte sind auf Anordnung der Schulleiterin oder des Schulleiters verpflichtet, über die jeweils festgesetzte Pflichtstundenzahl hinaus Vertretungsstunden zu übernehmen; die Schulleiterin oder der Schulleiter muss bei Zuweisung von Vertretungsstunden die von der Gesamtkonferenz aufgestellten Richtlinien beachten. Bei der Zuweisung von Vertretungsstunden sollen die besonderen dienstlichen und persönlichen Verhältnisse der Lehrkräfte

berücksichtigt werden, sofern dies aus unterrichtsorganisatorischen Gründen vertretbar ist; Nebentätigkeiten gegen Vergütungen bleiben dabei unberücksichtigt.

(4) Für die Zuweisung von Vertretungsstunden gelten § 85 Abs. 2 HBG und die Verordnung über die Gewährung von Mehrarbeitsvergütung für Beamte in der Fassung vom 3. Dezember 1998 (BGBl. I S. 3495) in der am 31. August 2006 geltenden Fassung.

§ 9

(1) Lehrkräfte sind verpflichtet, das Amt einer Klassenlehrerin oder eines Klassenlehrers zu übernehmen. Die Klassenlehrerin oder der Klassenlehrer soll die Schülerinnen und Schüler der Klasse in allen schulischen Angelegenheiten beraten. Sie oder er hat sich über das Verhalten und die Leistungen der Schülerinnen und Schüler im Unterricht auch der anderen Lehrerinnen und Lehrer zu informieren.

(2) Die Klassenlehrerin oder der Klassenlehrer steht in besonderem Maße den Eltern zur Beratung zur Verfügung und ist für die Führung der den Unterricht betreffenden Unterlagen verantwortlich. Sie oder er kann aus wichtigen Gründen Schülerinnen und Schülern der Klasse Urlaub bis zu zwei Tagen gewähren; besondere Regelungen bleiben unberührt.

(3) Für besondere Veranstaltungen, zum Beispiel Studienfahrten, Lehrausflüge, Betriebsbesichtigungen und Wanderungen sowie Feiern ist das Einvernehmen mit der Schulleiterin oder dem Schulleiter herbeizuführen, sofern nicht die Schulaufsichtsbehörde für die Genehmigung zuständig ist.

(4) An den von der Klassenlehrerin oder dem Klassenlehrer oder der Schulleiterin oder dem Schulleiter einberufenen Besprechungen mit den Eltern sollen, soweit pädagogische Gründe dies erfordern, die in den betreffenden Klassen unterrichtenden Lehrkräfte teilnehmen. § 107 Abs. 3 des Schulgesetzes bleibt unberührt.

(5) Lehrkräfte sind verpflichtet, an dem von der Schulleiterin oder dem Schulleiter einberufenen Elternsprechtag teilzunehmen. Der Elternsprechtag ist mindestens einmal im Schuljahr an einem unterrichtsfreien Samstag durchzuführen. Mit Zustimmung des Schulelternbeirats kann der Elternsprechtag auch an einem anderen Werktag nachmittags oder abends durchgeführt werden. An selbstständigen gymnasialen Oberstufen und beruflichen Schulen kann mit Zustimmung des Schulelternbeirats der Elternsprechtag entfallen.

(6) Abs. 1 bis 4 gelten für Tutorinnen und Tutoren entsprechend.

§ 10

(1) Die Durchführung von nicht von der Schulleitung zugelassenen Sammlungen ist nicht gestattet.

(2) Geschäftliche Werbung in der Schule ist nur mit folgender Maßgabe zulässig. Wird die Schule durch für ihren Haushalt erhebliche Zuwendungen Dritter bei der Erfüllung ihrer Aufgaben unterstützt oder die Anschaffung für Erziehung und Unterricht förderlicher Gegenstände ermöglicht, so kann auf Antrag des Dritten hierauf hingewiesen werden. Dieser Hinweis kann durch den Empfänger der Zuwendungen zum Beispiel auf Plakaten, Veranstaltungshinweisen oder in sonstiger Weise unter Verwendung des Namens, Emblems oder Logos des Dritten, jedoch ohne besondere Hervorhebung, gegeben werden. Unzulässig ist eine über die Nennung der zuwendenden Person oder Einrichtung, der Art und des Umfangs der Zuwendung hinausgehende Produktwerbung.

(3) Entscheidungen nach Abs. 2 trifft die Schulleiterin oder der Schulleiter, soweit Folgekosten für den Schulträger entstehen, im Einvernehmen mit diesem. Die Befugnis der Schulträger, im Bereich der äußeren Schulangelegenheiten Regelungen für das Sponsoring zu treffen, bleibt unberührt.

§ 11

Bei Eingaben an die Schulaufsichtsbehörde ist der Dienstweg einzuhalten, soweit nicht im Einzelfall etwas anderes bestimmt ist. Beschwerden über die Schulleiterin oder den Schulleiter oder eine Schulaufsichtsbeamtin oder einen Schulaufsichtsbeamten können unmittelbar an die Dienstvorgesetzten gerichtet werden. Vorsprachen bei Schulaufsichtsbehörden sollen nur nach vorheriger Anmeldung erfolgen.

§ 12

(1) Sind Lehrkräfte verhindert, ihren Unterricht zu erteilen, so ist die Schulleiterin oder der Schulleiter, bei einklassigen Schulen die Schulaufsichtsbehörde, unverzüglich unter Angabe des Grundes zu benachrichtigen. Bei Versäumnis wegen Krankheit ist von Lehrkräften am vierten Tag der Erkrankung eine ärztliche Bescheinigung, die nach Möglichkeit Angaben über die voraussichtliche Dauer der Erkrankung enthalten soll, vorzulegen. Diese Bescheinigung ist der Schulleiterin oder dem Schulleiter einzureichen. Ärztliche Bescheinigungen für die Schulleiterin oder den Schulleiter sind unverzüglich an die Schulaufsichtsbehörde weiterzuleiten. Über die Erkrankung von Lehrkräften im Vorbereitungsdienst unterrichten sich Schulleiterin oder Schulleiter und die Leiterin oder der Leiter des Studienseminars gegenseitig.

(2) Lehrkräfte haben den Erholungsurlaub während der Schulferien zu nehmen.

§ 13

Die §§ 4 bis 12 gelten entsprechend für die Schulleiterin oder den Schulleiter, Lehrkräfte im Vorbereitungsdienst und sonstige Personen, die Unterricht erteilen.

DRITTER TEIL
Schulleitung

§ 14

(1) Die Schulleiterin oder der Schulleiter, die Stellvertreterin oder der Stellvertreter und die Lehrkräfte, die besondere Funktionsstellen innehaben, bilden die Schulleitung. Die Mitglieder der Schulleitung nehmen ihre Aufgaben auf der Grundlage eines Geschäftsverteilungsplanes unter Berücksichtigung der Funktionen selbstständig und eigenverantwortlich wahr. Ferner nehmen sie Aufgaben des oder der Vorgesetzten wahr, soweit es für die ordnungsgemäße Erfüllung der Aufgaben der Schule erforderlich ist (§ 87 Abs. 1 Satz 1 bis 3 des Schulgesetzes). Die Übertragung von Aufgaben des oder der Vorgesetzten auf die Mitglieder der Schulleitung erfolgt durch entsprechende Festlegung im Geschäftsverteilungsplan oder durch Anordnung der Schulleiterin oder des Schulleiters. Die Schulleiterin oder der Schulleiter kann einzelne Aufgaben auf die übrigen Mitglieder der Schulleitung und andere Lehrkräfte übertragen. Die Gesamtverantwortung der Schulleiterin oder des Schulleiters für die Schule bleibt unberührt.

(2) Der Geschäftsverteilungsplan wird von der Schulleiterin oder dem Schulleiter im Benehmen mit den übrigen Mitgliedern der Schulleitung und der Gesamtkonferenz festgelegt.

(3) Zu einzelnen Beratungsgegenständen können weitere Lehrkräfte und sozialpädagogische Mitarbeiterinnen und Mitarbeiter, Vertreterinnen und Vertreter des Schulelternbeirats und des Schülerrats oder der Studierendenvertretung sowie des Verwaltungspersonals hinzugezogen werden. Die Rechte und Zuständigkeiten der Schulkonferenz, der Konferenzen der Lehrkräfte und des Personalrats bleiben unberührt.

VIERTER TEIL
Schulleiterin und Schulleiter

§ 15

(1) Die Schulleiterin oder der Schulleiter ist dafür verantwortlich, dass die Schule ihren Bildungs- und Erziehungsauftrag erfüllt. Sie oder er leitet die Schule nach §§ 87, 88 und 90 des Schulgesetzes unter Beachtung der geltenden Rechts- und Verwaltungsvorschriften, der

Beschlüsse der Schulkonferenz und der Konferenzen der Lehrkräfte sowie der Weisungen der Schulaufsichtsbehörden. Schulleiterin oder Schulleiter und Konferenzen arbeiten zur Erfüllung des Bildungsauftrages zusammen. Für die Aufrechterhaltung der Ordnung in der Schule sind die Schulleiterin oder der Schulleiter, die Lehrkräfte und die sozialpädagogischen Mitarbeiterinnen und Mitarbeiter entsprechend ihren Aufgabenbereichen verantwortlich.

(2) Die Schulleiterin oder der Schulleiter ist als Vorgesetzte oder Vorgesetzter im Rahmen der Verwaltungsaufgaben und der dazu ergangenen Anordnungen der Schulaufsichtsbehörden und des Schulträgers sowie zur Ausführung von Konferenzbeschlüssen gegenüber den Lehrkräften, sozialpädagogischen Mitarbeiterinnen und Mitarbeitern sowie sonstigen, an der Schule tätigen Beschäftigten des Landes weisungsbefugt. Sie oder er ist als Vorgesetzte oder Vorgesetzter gegenüber dem der Schule zugewiesenen Verwaltungs- und Hauspersonal und den sonstigen Beschäftigten des Schulträgers in schulischen Angelegenheiten weisungsbefugt.

(3) Die Schulleiterin oder der Schulleiter vertritt die Schule gegenüber der Öffentlichkeit; sie oder er ist dabei an die Beschlüsse der Schulkonferenz und der Gesamtkonferenz gebunden, die diese im Rahmen ihrer Zuständigkeit fassen. Wenn Angelegenheiten des Schulträgers berührt werden, erfolgt die Vertretung im Einvernehmen mit diesem. Die Schulleiterin oder der Schulleiter kann der Presse Auskünfte über Angelegenheiten der Schule erteilen; Satz 2 gilt entsprechend. Bei Angelegenheiten von übergeordneter Bedeutung hat sie oder er zuvor Rücksprache mit der Schulaufsichtsbehörde zu halten. Die Schul- und die Gesamtkonferenz können in Angelegenheiten, für die ihre Zuständigkeit gegeben ist, Presseerklärungen abgeben. Die Pflicht zur Amtsverschwiegenheit bleibt unberührt.

(4) Die Schulleiterin oder der Schulleiter trägt die Verantwortung für die Veranstaltungen der Schule sowie für solche, die mehrere Klassen oder Jahrgänge betreffen. Die Vorschriften über die Veranstaltungen der Schülervertretung bleiben unberührt.

(5) Die Schulleiterin oder der Schulleiter kann gestatten, dass Eltern und andere Personen die Schule besichtigen und dass sie mit Zustimmung der unterrichtenden Lehrkraft deren Unterricht besuchen.

(6) Bei der Besetzung von Funktionsstellen nimmt die Schulleiterin oder der Schulleiter einer selbstständigen Schule oder selbstständigen beruflichen Schule nach § 127 d des Schulgesetzes oder einer rechtlich selbstständigen beruflichen Schule nach § 127 e des Schulgesetzes als Mitglied an Überprüfungsverfahren teil. Vor der von der zuständigen Schulaufsichtsbehörde zu treffenden Auswahlentscheidung wird ihr oder ihm der Auswahlbericht zur Stellungnahme zugeleitet; diese innerhalb von 2 Wochen abzugebende Stellungnahme kann einen Auswahlvorschlag enthalten. Eine Abweichung von dem Auswahlvorschlag der Schulleiterin oder des Schulleiters durch die Schulaufsichtsbehörde ist gegenüber ihr oder ihm zu begründen.

§ 16

Die Schulleiterin oder der Schulleiter nimmt gegenüber den Lehrkräften in folgenden Fällen Aufgaben einer Dienstvorgesetzten oder eines Dienstvorgesetzten wahr:

1. Entgegennahme eines Entlassungsantrages nach § 41 Abs. 1 HBG,
2. Erklärung über die Dienstunfähigkeit, sofern die Beamtin oder der Beamte schriftlich ihre oder seine Versetzung in den Ruhestand nach § 26 Abs. 1 des Beamtenstatusgesetzes beantragt oder dieser schriftlich zustimmt (§ 52 Abs. 1 HBG),
3. Abnahme des Diensteides oder des Gelöbnisses (§ 72 HBG),
4. Herausgabe von amtlichen Schriftstücken nach Beendigung des Beamtenverhältnisses (§ 75 HBG in Verbindung mit § 37 Abs. 6 des Beamtenstatusgesetzes),
5. Untersagung einer nicht genehmigungspflichtigen Nebentätigkeit ganz oder teilweise, wenn die Beamtin oder der Beamte bei ihrer Ausübung dienstliche Pflichten verletzt (§ 80 Abs. 3 Satz 4 HBG),
6. Genehmigung des Fernbleibens vom Dienst (§ 86 Abs. 1 HBG).

7. Genehmigung von Dienstbefreiung bis zu 14 Werktagen (§ 16 der Urlaubsverordnung für die Beamtinnen und Beamten im Lande Hessen),
8. Erteilung eines Dienstzeugnisses auf Antrag der Beamtin oder des Beamten (§ 109 HBG) sowie dienstliche Beurteilungen zur Vorbereitung von beamtenrechtlichen Entscheidungen,
9. Entgegennahme der Meldung von Unfallfürsorgeansprüchen (§ 45 Abs. 1 Satz 1 des Hessischen Beamtenversorgungsgesetzes in der Fassung vom 28. Januar 2011 (GVBl. I S. 98)),
10. mündliche oder schriftliche missbilligende Äußerungen (Zurechtweisungen, Ermahnungen, Rügen und dergleichen), die nicht ausdrücklich als Verweis bezeichnet werden (§ 9 Satz 2 des Hessischen Disziplinargesetzes), und die Entscheidung über Dienstaufsichtsbeschwerden über Lehrkräfte. Die Durchschrift einer schriftlichen Missbilligung oder der Entscheidung über die Dienstaufsichtsbeschwerde ist der die Personalakte führenden Schulaufsichtsbehörde vorzulegen.

§ 17

(1) Die Schulleiterin oder der Schulleiter soll neue Erkenntnisse und Ergebnisse der Fach-, Erziehungs-, Arbeitsund Gesundheitswissenschaften, auch für die Entwicklung, Fortschreibung und Umsetzung des Schulprogramms, in die schulische Arbeit einbringen, hierbei Anregungen der Konferenzen und der Lehrkräfte berücksichtigen und entsprechende Beschlüsse der Schul- und Gesamtkonferenz durchführen. Schulleiterin oder Schulleiter sowie Schul- und Gesamtkonferenz sorgen für die Zusammenarbeit der Lehrkräfte und fördern alle Maßnahmen, die geeignet sind, den Lehrkräften Einblick in die Gesamtarbeit der Schule zu vermitteln. Die Schulleiterin oder der Schulleiter informiert die Schul- und Gesamtkonferenz über die Ergebnisse von Schulleiterdienstbesprechungen und Besprechungen mit dem Schulträger, dem Schulelternbeirat und dem Schülerrat.

(2) Die Schulleiterin oder der Schulleiter soll die Ausbildung der nicht voll ausgebildeten Lehrkräfte und die Fort- und Weiterbildung aller Lehrkräfte fördern und unterstützen. Sie oder er ermöglicht unter Berücksichtigung des Fortbildungsplans der Schule die Teilnahme an Fortbildungsveranstaltungen, kann aber Lehrkräfte auch zur Wahrnehmung von bestimmten Fortbildungsveranstaltungen verpflichten, die für die Entwicklung der Qualität und Organisation der Schule erforderlich sind. Die Fortbildung soll in der unterrichtsfreien Zeit stattfinden.

(3) Die Schulleiterin oder der Schulleiter stellt unter Beachtung der im Schulprogramm vereinbarten Zielsetzungen nach den Grundsätzen der Gesamtkonferenz, die nach den Erfordernissen des Unterrichts festzulegen sind, den Plan für die Unterrichtsverteilung sowie den Stunden-, Aufsichts- und Vertretungsplan auf. In besonders begründeten Ausnahmefällen oder auf eigenen Wunsch der Lehrkraft kann die Schulleiterin oder der Schulleiter ihr im Rahmen ihres Lehramtes oder ihrer Lehrbefähigung Unterricht auch in Fächern übertragen, für die sie nicht ausgebildet ist; ihr darf Unterricht, der mit besonderen Unfallgefahren verbunden ist, nicht gegen ihren Willen übertragen werden.

(4) Um eine sinnvolle Unterrichtsverteilung sicherzustellen, kann die Schulleiterin oder der Schulleiter bei der Festsetzung der wöchentlichen Unterrichtsstunden einer Lehrkraft nach deren Anhörung bis zu zwei Stunden von der Pflichtstundenzahl nach der Pflichtstundenverordnung abweichen. Diese Abweichung ist möglichst im zweiten Schulhalbjahr, spätestens im nächsten Schuljahr auszugleichen. Dieser Anspruch bleibt auch bei Wechsel der Schule erhalten. § 85 Abs. 2 HBG bleibt unberührt.

(5) Die Schulleiterin oder der Schulleiter kann nach Beratung mit dem Personalrat und im Benehmen mit der Gesamtkonferenz den Lehrkräften besondere Aufgaben übertragen. Der Frauenbeauftragten für Lehrkräfte ist vor der Beteiligung des Personalrats und der Gesamtkonferenz Gelegenheit zur Stellungnahme zu geben. Auf die Wünsche der Lehrkraft ist nach Möglichkeit Rücksicht zu nehmen. Die Verantwortung der Schulleiterin oder des Schulleiters für diese Aufgaben bleibt unberührt.

(6) Die Lehrkräfte haben das Recht auf Führung von Jahresgesprächen nach Maßgabe des Erlasses „Grundsätze über Zusammenarbeit und Führung in der hessischen Landesverwaltung“ vom 4. April 2007 (Staatsanzeiger S. 890) in der jeweils geltenden Fassung. Diese können durch alle Mitglieder der Schulleitung nach Maßgabe des Geschäftsverteilungsplans geführt werden. Sie nehmen insoweit Aufgaben einer oder eines Vorgesetzten wahr (§ 87 Abs. 1 Satz 3 des Schulgesetzes, § 14 Abs. 1 Satz 3).

(7) Die Schulleiterin oder der Schulleiter und die übrigen Mitglieder der Schulleitung identifizieren und fördern potenzielle Nachwuchsführungskräfte unabhängig vom künftigen Bedarf an Führungskräften in der eigenen Schule.

§ 18

(1) Die Schulleiterin oder der Schulleiter trägt die Verantwortung für die Weiterentwicklung der Unterrichtsqualität der Schule. Sie oder er sorgt dafür, dass Unterrichtsbesuche bei jeder an der Schule unterrichtenden Lehrkraft durchgeführt werden, und wendet bei Bedarf weitere geeignete Evaluationsverfahren an. Durch Einsicht in die angeordneten schriftlichen Nachweise und die Schülerarbeitshefte hält sie oder er sich über den jeweiligen Stand der Arbeiten in den einzelnen Klassen oder Kursen und Gruppen auf dem Laufenden. Unterrichtsbesuche können von der Schulleiterin oder dem Schulleiter sowie weiteren Mitgliedern der Schulleitung durchgeführt werden. Die Entscheidung darüber trifft die Schulleiterin oder der Schulleiter im Benehmen mit den weiteren Mitgliedern der Schulleitung. Der Unterrichtsbesuch soll der oder dem Unterrichtenden rechtzeitig vorher angekündigt werden. Nach den Unterrichtsbesuchen sind die gewonnenen Eindrücke mit der oder dem Unterrichtenden zu erörtern. Außerhalb von Unterrichtsbesuchen nach den Sätzen 1 bis 7 können auch Besuche von anderen Lehrkräften auf der Grundlage schulinterner Konzepte zur Förderung der kollegialen Beratung stattfinden. In die Unterrichts- und Erziehungsarbeit der voll ausgebildeten Lehrkräfte darf nur bei einem Verstoß gegen Rechts- und Verwaltungsvorschriften, die durch § 93 Abs. 3 Nr. 3 des Schulgesetzes vorgegebenen Grundsätze und Maßstäbe, verbindliche pädagogische Grundsätze des Schulprogramms und Konferenzbeschlüsse eingegriffen und die Weisung erteilt werden, diese Vorgaben zu beachten (§ 88 Abs. 4 Satz 3 des Schulgesetzes).

(2) Die Schulleiterin oder der Schulleiter führt die in das Kollegium eintretenden Lehrkräfte in die Arbeit der Schule ein und macht sie mit ihren Rechten und Pflichten bekannt. Ausscheidende Lehrkräfte werden von ihr oder ihm verabschiedet.

(3) Die Schulleiterin oder der Schulleiter macht die Abwesenheit einer Lehrkraft unter Angabe des Grundes der Abwesenheit aktenkundig und benachrichtigt am Ende des Jahres die Schulaufsichtsbehörde, bei der die Personalhauptakten geführt werden, durch Vorlage einer Liste. Ärztliche Bescheinigungen, die von der Lehrkraft als Nachweis ihrer Erkrankung rechtzeitig vorgelegt werden (§ 12 Abs. 1), sind der Liste nach Satz 1 beizufügen.

§ 19

(1) Die Schulleiterin oder der Schulleiter überwacht die Erfüllung der Schulpflicht. Sie oder er ist zuständig für die Aufnahme und Entlassung der Schülerinnen und Schüler.

(2) Die Schulleiterin oder der Schulleiter ist für die Beachtung der Schulordnung und die Durchführung der zur schulischen Gesundheitsförderung ergangenen Anordnungen verantwortlich.

(3) Die Schulleiterin oder der Schulleiter pflegt die Zusammenarbeit der Schule mit dem Schulelternbeirat und den Eltern, bei den beruflichen Schulen auch mit den Ausbildungsbetrieben sowie den zuständigen Stellen, Gewerkschaften und Wirtschaftsverbänden.

(4) Die Schulleiterin oder der Schulleiter fördert die Zusammenarbeit mit anderen Schulen, insbesondere im Rahmen eines Schulverbundes, und die Öffnung der Schule gegenüber ihrem Umfeld nach § 16 des Schulgesetzes. Mit anderen Bildungs- und Jugendhilfeeinrichtungen, mit Kindertagesstätten, mit sonstigen Beratungsstellen, den Behörden der Jugend-

und Sozialhilfe und der Arbeitsverwaltung, für Umweltschutz, Frauen, multikulturelle oder Integrationsangelegenheiten, Frühförderstellen sowie Ausbildungsbetrieben und Kammern arbeitet sie oder er zusammen, soweit dies erforderlich ist.

(5) Die Schulleiterin oder der Schulleiter hat die Voraussetzungen für die Arbeit der Schülervertretung im Rahmen der geltenden Bestimmungen zu gewährleisten.

(6) Unbeschadet der Pflicht zur Verschwiegenheit über Beratungen im Rahmen von Prüfungsausschüssen hat die Schulleiterin oder der Schulleiter oder eine von ihr oder ihm beauftragte Lehrkraft nach Beendigung von Schulprüfungen Eltern und Prüflinge auf deren Wunsch über Prüfungsleistungen und deren Bewertungen zu unterrichten.

§ 20

(1) Die Schulleiterin oder der Schulleiter führt die Aufsicht über Schulgebäude, Schulanlagen, Einrichtungen und Ausstattung und verwaltet die Schulanlagen im Auftrag des Schulträgers. Sie oder er hat ihn auf Mängel unverzüglich hinzuweisen. Die der Schule zur Verfügung stehenden Haushaltsmittel werden von der Schulleiterin oder dem Schulleiter verwaltet. Die Rechte der Schulkonferenz nach § 129 Nr. 9 des Schulgesetzes bleiben unberührt.

(2) Die Schulleiterin oder der Schulleiter übt auf dem Grundstück der Schule das Hausrecht aus. Zur Stellung eines Strafantrages nach § 123 des Strafgesetzbuches (Hausfriedensbruch) ist die Schulleiterin oder der Schulleiter nur berechtigt, wenn sie oder er dazu vom Schulträger schriftlich allgemein oder im Einzelfall ermächtigt wurde.

(3) Die Schulleiterin oder der Schulleiter hat in allen wichtigen Fragen der Zusammenarbeit mit dem Schulträger (z. B. Baumaßnahmen, Schulhaushalt) die Schulkonferenz und die Gesamtkonferenz zu hören.

(4) Die Schulleiterin oder der Schulleiter führt die Schulakten; das Dienstsiegel ist nach den ergangenen Vorschriften zu führen.

(5) Die Schulleiterin oder der Schulleiter ist für den schulischen Arbeits- und Gesundheitsschutz verantwortlich.

§ 21

Die Schulleiterin oder der Schulleiter kann aus besonderen Gründen den Unterricht einzelner oder aller Klassen der Schule bis zur Dauer eines Tages ausfallen lassen. Jeder ganztägige Unterrichtsausfall aller Klassen der Schule ist unter Angabe der Gründe unverzüglich der Schulaufsichtsbehörde zu melden.

§ 22

Die Schulleiterin oder der Schulleiter hält regelmäßig in der Schule Sprechstunden ab, die der Schüler-, Elternund Lehrerschaft in geeigneter Weise bekanntzugeben sind.

§ 23

(1) Die Schulleiterin oder der Schulleiter ist verpflichtet, der Schulaufsichtsbehörde unverzüglich fernmündlich sowie per E-Mail über alle wichtigen Vorkommnisse zu berichten und erforderlichenfalls einen schriftlichen Bericht nachzureichen. Besonders wichtige Vorkommnisse sind unverzüglich auch dem Kultusministerium fernmündlich sowie per EMail mitzuteilen.

(2) Bei Unfällen hat die Schulleiterin oder der Schulleiter oder die aufsichtsführende Lehrkraft alle zur Hilfeleistung und zur Beweissicherung erforderlichen Maßnahmen zu treffen. Unfälle sind unverzüglich der zuständigen Stelle zu melden.

(3) Der Schulaufsichtsbehörde ist unverzüglich zu berichten, wenn

1. eine Lehrkraft oder eine sozialpädagogische Mitarbeiterin oder ein sozialpädagogischer Mitarbeiter infolge Erkrankung innerhalb eines Zeitraums von sechs Monaten mehr als drei Monate keinen Dienst getan hat (§ 51 Abs. 1 Satz 1 HBG);
2. bereits vor dem in Nr. 1 genannten Zeitpunkt Zweifel über die Dienstunfähigkeit einer Lehrkraft oder einer sozialpädagogischen Mitarbeiterin oder eines sozialpädagogischen Mitarbeiters bestehen (§ 51 Abs. 1 Satz 2 HBG);
3. eine Lehrkraft oder eine sozialpädagogische Mitarbeiterin oder ein sozialpädagogischer Mitarbeiter körperlich verletzt wird und deshalb dem Dienst fernbleibt (§ 103 HBG);
4. von einer Lehrkraft oder einer Lehrkraft im Vorbereitungsdienst bei Versäumnis wegen Krankheit am vierten Tag der Erkrankung noch keine ärztliche Bescheinigung vorgelegt worden ist;
5. eine im Angestelltenverhältnis beschäftigte Lehrkraft, eine sozialpädagogische Mitarbeiterin oder ein sozialpädagogischer Mitarbeiter oder sonstige, an der Schule tätige Beschäftigte des Landes wegen Krankheit dem Dienst fernbleiben (§ 37 des Bundesangestelltentarifvertrages, § 22 des Tarifvertrages für den öffentlichen Dienst des Landes Hessen);
6. eine nebenamtlich oder nebenberuflich beschäftigte Lehrkraft oder eine sozialpädagogische Mitarbeiterin oder ein sozialpädagogischer Mitarbeiter erkrankt oder aus anderen Gründen dem Dienst fernbleibt (Vermeidung von Überzahlungen);
7. eine Lehrkraft oder eine sozialpädagogische Mitarbeiterin oder ein sozialpädagogischer Mitarbeiter, die oder der am Aufbau eines Lebensarbeitszeitkontos teilnimmt, länger als sechs Wochen ununterbrochen erkrankt ist.

§ 24

(1) Die Schulleiterin oder der Schulleiter oder eine Vertreterin oder ein Vertreter muss während des Unterrichts in der Schule anwesend sein.

(2) Die Beurlaubung der Schulleiterin oder des Schulleiters oder die Gewährung von Dienstbefreiung an sie oder ihn erfolgt durch die Schulaufsichtsbehörde.

FÜNFTER TEIL
Stellvertretende Schulleiterin und Stellvertretender Schulleiter

§ 25

(1) An Schulen, an denen eine stellvertretende Schulleiterin oder ein stellvertretender Schulleiter (planmäßige Vertreterin oder planmäßiger Vertreter) bestellt ist, nimmt die Stellvertreterin oder der Stellvertreter ihre oder seine Aufgaben auf der Grundlage eines Geschäftsverteilungsplanes unter Berücksichtigung der Funktion selbstständig und eigenverantwortlich wahr. Die Gesamtverantwortung der Schulleiterin oder des Schulleiters für die Schule bleibt unberührt.

(2) Schulleiterin oder Schulleiter und Stellvertreterin oder Stellvertreter unterrichten sich gegenseitig über alle wichtigen dienstlichen Angelegenheiten.

§ 26

(1) Bei Abwesenheit der Schulleiterin oder des Schulleiters werden ihre oder seine Amtsgeschäfte von der planmäßigen Vertreterin oder dem planmäßigen Vertreter geführt.

(2) Bei Abwesenheit der planmäßigen Vertreterin oder des planmäßigen Vertreters wird die Schulleiterin oder der Schulleiter durch eine von der Gesamtkonferenz allgemein gewählte, hauptamtlich an der Schule tätige Lehrkraft, die nicht Mitglied des Schulpersonalrats sein darf, vertreten; die Wahl ist der Schulaufsichtsbehörde bekanntzugeben. Vorstehende Bestimmungen gelten auch, wenn eine planmäßige Vertreterin oder ein planmäßiger Vertreter nicht bestellt ist.

(3) Sind die Schulleiterin oder der Schulleiter, die planmäßige Vertretung und die Abwesenheitsvertretung gleichzeitig länger als drei Tage abwesend, so ist der Schulaufsichtsbehörde unverzüglich über die Regelung der Vertretung zu berichten; der Schulträger ist zu unterrichten.

(4) Abs. 1 und 2 gelten auch für die Ferien.

SECHSTER TEIL
Sozialpädagogische Mitarbeiterinnen und Mitarbeiter

§ 27

Diese Dienstordnung gilt für die an der Schule tätigen sozialpädagogischen Mitarbeiterinnen und Mitarbeiter entsprechend.

SIEBTER TEIL
Schlussvorschriften

§ 28

Die Dienstordnung für Lehrkräfte, Schulleiterinnen und Schulleiter und sozialpädagogische Mitarbeiterinnen und Mitarbeiter vom 8. Juli 1993 (ABl. S. 691), geändert durch Verordnung vom 22. Juli 1998 (ABl. S. 598), wird aufgehoben.

§ 29

Diese Dienstordnung tritt am Tage nach der Verkündung in Kraft. Sie tritt mit Ablauf des 31. Dezember 2016 außer Kraft.

Die Hessische Kultusministerin

Grundsätze über Zusammenarbeit und Führung in der hessischen Landesverwaltung

vom 4. April 2007 (StAnz. S. 896)

Bezug: Erlass vom 27. Juli 1998 (StAnz. S. 2407) und vom 9. Juli 2003 (StAnz. S. 3007)

Der Erlass über die Grundsätze über Zusammenarbeit und Führung vom 27. Juli 1998, verlängert durch Erlass vom 9. Juli 2003, ist aufgrund des Erfahrungsberichtes des Hessischen Ministeriums des Innern und für Sport über die Erfahrungen der einzelnen Dienststellen mit der Umsetzung des Erlasses überarbeitet und angepasst worden. Die Neufassung wird hiermit veröffentlicht.

Grundsätze über Zusammenarbeit und Führung in der hessischen Landesverwaltung

Vorwort

Die öffentliche Verwaltung befindet sich in einer tief greifenden Umbruchphase. Gesellschaftliche Veränderungsprozesse stellen neue und andere Anforderungen an Verwaltungshandeln und zwingen den Staat und die Verwaltung dazu, ihrem Handeln im Bewusstsein der Bürgerinnen und Bürger neue Legitimation zu verschaffen.

Aufgrund der Finanzsituation des öffentlichen Sektors und der daraus resultierenden massiven Einsparzwänge wird die Verwaltung zugleich weniger Ressourcen zur Aufgabenerledigung zur Verfügung haben. Die gestiegenen Anforderungen sind nur zu bewältigen, wenn die Arbeitsprozesse so umgestaltet werden, dass sie so effektiv und effizient wie heute möglich ablaufen und vorhandene Leistungspotenziale vollständig genutzt werden können.

Die Konzepte, mit denen die Verwaltung dem Rechnung trägt, wie etwa die Einführung der Neuen Verwaltungssteuerung und des EGovernment sowie der Führungskräfteentwicklung, bewirken in ihrer Umsetzung eine grundlegende Veränderung des Selbstverständnisses und des Erscheinungsbildes der Verwaltung. Die Qualität der Verwaltung wird sich künftig an dem Grad ihrer Dienstleistungsorientierung, ihres Kostenbewusstseins und ihrer Mitarbeiterorientierung messen lassen müssen.

Zur erfolgreichen Bewältigung der umfassenden Umstrukturierungsprozesse sind das Engagement und die Veränderungsbereitschaft aller Beschäftigten der Landesverwaltung notwendig. Nur wenn sich alle Beschäftigten als einheitliche Verwaltung mit einem „common spirit“ verstehen und das Ressort-, Fachverwaltungs- und Behördendenken überwinden, können die an sie gestellten Anforderungen bewältigt werden.

Die Personalentwicklung erhält in diesem Zusammenhang eine immer größere Bedeutung. Sie muss die Leistungsfähigkeit der gesamten Verwaltung auf Dauer sichern und den einzelnen Beschäftigten – Mitarbeiterinnen und Mitarbeitern wie Führungskräften – Möglichkeiten und Anreize bieten, ihre Motivation unter veränderten, oft schwierigeren Arbeitsbedingungen zu erhalten.

Die Motivation schwer behinderter Beschäftigter unter den sich schnell ändernden Bedingungen zu stützen, ist insbesondere Aufgabe der Führungskräfte und Ausdruck der erhöhten Fürsorgepflicht gegenüber diesem Personenkreis. Die Richtlinien zur Integration schwer behinderter Angehöriger des öffentlichen Dienstes – Integrationsrichtlinien – (StAnz. 2002 S. 723 ff.) sind Bestandteil dieser Grundsätze.

Auftrag der Verwaltung ist es, Leistungen zur Erfüllung staatlicher Ziele möglichst effektiv und effizient zu erbringen. Führungskräfte sowie Mitarbeiterinnen und Mitarbeiter nehmen dabei unterschiedliche Funktionen wahr. Die vorliegenden Grundsätze legen fest, in welcher Weise die Zusammenarbeit geschieht.

Die Neufassung der Grundsätze über Zusammenarbeit und Führung basiert auf dem Rahmenkonzept der Personalentwicklung in der hessischen Landesverwaltung (StAnz. 2002 S. 4363) und berücksichtigt die Erfahrungen der Dienststellen mit dem bisherigen Erlass.

Grundsätze über Zusammenarbeit und Führung

Diese Grundsätze beschreiben die Aufgaben der Führungskräfte wie auch der Mitarbeiterinnen und Mitarbeiter. Sie enthalten Handlungsempfehlungen und Orientierungsrahmen und sollen zu zielorientierter, mitarbeiterbezogener und situationsbestimmter Führung und Zusammenarbeit beitragen.

Die Rolle der Mitarbeiterinnen und Mitarbeiter

Die Leistungen der Verwaltung werden von den Mitarbeiterinnen und Mitarbeitern erstellt. Sie tragen Verantwortung, dass sie ihre Aufgaben sachgerecht und im vereinbarten Rahmen (Qualität, Quantität, Zeit) erledigen.

Gerade in Zeiten des Wandels sind sie aufgefordert, im Rahmen der Ziele der hessischen Landesverwaltung eigene Initiativen und Vorschläge einzubringen.

Die Rolle der Führungskräfte

Die Führungskräfte müssen als Motor im Veränderungsprozess fungieren und einen aktiven Part bei der Umsetzung vorgegebener Ziele und Maßnahmen sowie bei der Initiierung neuer Projekte und Aktivitäten einnehmen. Sie müssen – soweit möglich – Entwicklungen vorhersehen und aktiv steuern. Damit sind sie Vorbild für die Mitarbeiterinnen und Mitarbeiter – eine wichtige Voraussetzung für deren Motivation. Zugleich kommen auf die Führungskräfte erhöhte Belastungen zu, da sie die schwierigen Aspekte des Wandels selbst bewältigen und auch ihren Mitarbeiterinnen und Mitarbeitern vermitteln müssen.

Führungskompetenz beruht nicht vorrangig auf Fachkenntnissen. Soziale Kompetenzen wie die Fähigkeit zur Menschenführung sind unabdingbare Voraussetzung. Dabei gilt es, eigenverantwortlich zu handeln, Aufgaben delegieren zu können, Entscheidungsbereitschaft zu zeigen, Kreativität zur Entwicklung neuer Ideen zu entfalten und Praxisnähe und Durchsetzungsfähigkeit bei der Umsetzung zu beweisen.

Zur Führungskompetenz gehört Individualität. Menschen erwarten zu Recht, als Individuen behandelt zu werden. Deshalb hat souveräne Führung immer ihren eigenen Stil. Dazu gehört auch, die individuellen Stärken des Einzelnen zu fördern.

Für die gezielte (Fort-)Entwicklung von Führungskompetenz der Vorgesetzten sind die berufsbegleitenden Maßnahmen der Führungskräftefortbildung eine wichtige Hilfe. Führungskräfte müssen jedoch auch selbst an ihrer Entwicklung arbeiten. Sie müssen ihre Fähigkeit zur Selbstreflexion durch die gezielte Nutzung von Feedback in der Zusammenarbeit erhöhen und bereit sein, ihr eigenes (Führungs-)Verhalten kritisch zu hinterfragen und ggf. zu ändern.

Vertrauensvolle Zusammenarbeit

Vorgesetzte sowie Mitarbeiterinnen und Mitarbeiter tragen für die Qualität der Arbeitsatmosphäre gemeinsam Verantwortung.

Erfolgreiche Zusammenarbeit erfordert Vertrauen, gegenseitige Unterstützung und transparente Entscheidungen. Vorgesetzte sowie Mitarbeiterinnen und Mitarbeiter schaffen und pflegen ein von Offenheit und Vertrauen geprägtes Arbeitsklima und eine leistungsfördernde, erfolgsorientierte, aber auch solidarische Arbeitsatmosphäre. Der persönliche Umgang ist von Respekt, einer offenen und freundlichen Begegnung und einer positiven Grundstimmung geprägt. Schwer behinderte Menschen sind besonders zu integrieren.

Die Führungskräfte sind vorrangig verantwortlich für das Arbeitsklima. Sie sollen Vertrauen und Offenheit vorleben, auf Arbeitsergebnisse und Gesprächswünsche eingehen und dürfen auch versteckte Hilferufe ihrer Mitarbeiterinnen und Mitarbeiter nicht überhören. Mobbing, sexuelle Diskriminierung und andere Störungen der Arbeitsatmosphäre lassen sie nicht zu und treten bereits Anfängen entgegen. Sie sind insbesondere verpflichtet, auf die Vereinbarkeit von Beruf und Familie zu achten.

Informationsaustausch

Rechtzeitige und umfassende Information zwischen allen Hierarchieebenen sowie allen beteiligten Dienststellen ist Grundlage effektiver Aufgabenerledigung. Dabei ist der Informationsfluss keine Einbahnstraße. Nur wer andere informiert, kann erwarten, auch selbst unterrichtet zu werden. Die Anhäufung von „Herrschaftswissen" schafft Misstrauen und schadet dem Arbeitsablauf.

Für die Beschaffung und Weitergabe von Informationen sind alle gleichermaßen verantwortlich.

Vorgesetzte informieren ihre Mitarbeiterinnen und Mitarbeiter regelmäßig und erläutern übergeordnete Ziele sowie ihre Entscheidungen. Hierzu gehören auch Informationen über personelle oder organisatorische Änderungen. Vorgesetzte haben dafür zu sorgen, dass auch Teilzeitbeschäftigte und abwesende Angehörige der Organisationseinheit an dem Informationsfluss teilhaben.

Mitarbeiterinnen und Mitarbeiter haben ihre Vorgesetzten regelmäßig und in wichtigen Einzelfällen über Aufgaben ihres Arbeitsbereiches zu informieren. Sie haben sicherzustellen, dass ihre Kolleginnen und Kollegen die sie betreffenden Informationen erhalten, damit insbesondere im Vertretungsfall die notwendigen Informationen vorhanden sind.

Motivation

Motivation ist ein wesentlicher Faktor für die Arbeitszufriedenheit. Sie wirkt sich unmittelbar auf die Leistungsbereitschaft und Leistungsfähigkeit aus. Unzufriedenheit bei der Arbeit, aber auch Ängste, etwa durch die vielfältigen Umstrukturierungsmaßnahmen, können motivationshemmend wirken. Es gehört daher wesentlich zur Führungsaufgabe, die Motivation der Mitarbeiterinnen und Mitarbeiter zu erhalten und zu fördern.

Erhalt und Förderung der Motivation

Nicht nur die Anforderungen an die Verwaltung haben sich geändert, sondern auch die Erwartungen der Mitarbeiterinnen und Mitarbeiter an ihre Arbeit. Sie wollen anspruchsvolle Arbeit, mit der sie sich auch identifizieren und die sie möglichst eigenständig bearbeiten können.

Vorgesetzte sollen daher ihren Mitarbeiterinnen und Mitarbeitern Handlungsspielräume einräumen, ihnen nach Möglichkeit vielseitige Aufgaben übertragen und sicherstellen, dass die Mitarbeiterinnen und Mitarbeiter durch die Aufgabenstellung gefordert sind.

Die Mitarbeiterinnen und Mitarbeiter können erwarten, dass ihre Vorgesetzten
- sie in den Informations- und Entscheidungsprozess einbeziehen,
- sie entsprechend ihrer Eignung, Befähigung und fachlichen Leistung fördern und dabei die vorhandenen Potenziale nutzen,
- für ihre persönlichen Anliegen Verständnis zeigen,
- sie vor ungerechtfertigten Angriffen in Schutz nehmen,
- auf eine gute Arbeitsatmosphäre hinwirken und ein Vorbild an Einsatz und Tatkraft und im persönlichen Umgang sind.

Ursachen eingeschränkter Motivation

Zur Führungsaufgabe gehört es auch, nach den Ursachen eingeschränkter Motivation zu suchen. Bei den Ursachen sollten Vorgesetzte insbesondere Umstände, die sie selbst beeinflussen können, bedenken.

Wichtige Fragen hierbei sind:
- Ist der Arbeitsablauf in dem Arbeitsbereich optimal gestaltet?
- Ist die Arbeit gerecht verteilt?
- Wie funktioniert der Informationsaustausch?

– Gibt es Probleme im persönlichen Umgang mit den Mitarbeiterinnen und Mitarbeitern?

Vorgesetzte gehen auf die Mitarbeiterinnen und Mitarbeiter zu, um die Ursachen eingeschränkter Motivation im Gespräch zu klären. Soweit Vorgesetzte die Ursachen nicht selbst beheben können, leiten sie die erforderlichen Änderungsvorschläge an die zuständigen Stellen weiter.

Anerkennung und Kritik

Menschen möchten, dass ihre Arbeit beachtet und gewürdigt wird. Dies gilt für Mitarbeiterinnen und Mitarbeiter und Führungskräfte gleichermaßen. Fehlt eine Rückmeldung, bleiben die Beschäftigten über die Bewertung ihrer Leistung im Ungewissen. Anerkennung und Kritik sind deshalb zeitnah und auf einen konkreten Sachverhalt bezogen zu äußern.

Für den Erhalt der Motivation ist die Anerkennung von Leistung wesentlich. Berechtigtes Lob ist der beste Ansporn für engagiertes Arbeiten. Anerkennung muss ehrlich und überzeugend ausgesprochen werden. Sie wirkt unglaubwürdig, wenn sie zu überschwänglich oder zu routiniert geäußert wird.

Notwendige Kritik ist sachlich, klar und konstruktiv mit dem Ziel einer Lösung zu äußern. Sie erfolgt nicht vor Dritten, soll keine Verallgemeinerungen, Andeutungen und Bloßstellungen enthalten und sich nur auf das Verhalten, nicht aber auf die Person der kritisierten Person beziehen. Kritik soll im Rahmen eines Gesprächs erfolgen, damit die kritisierte Person ihre Sicht darstellen kann.

Förderung und Fortbildung

Nur gut aus- und fortgebildete Vorgesetzte und Mitarbeiterinnen und Mitarbeiter können die sich rasch ändernden beruflichen Anforderungen erfüllen. Deshalb gewinnen die Förderung ihrer beruflichen Entwicklung und die regelmäßige Fortbildung an Bedeutung sowohl für den Dienstherrn als auch für die Beschäftigten. Nur wer zum lebenslangen Lernen bereit ist, kann seinen Aufgaben auch in Zukunft gerecht werden. Darüber hinaus trägt eine adäquate Qualifikation auch zum beruflichen Erfolg und zur persönlichen Zufriedenheit bei.

Alle Beschäftigten sind aufgefordert, Eigeninitiative zu entwickeln und sich selbständig um den Erwerb und die Aktualisierung der für ihren Aufgabenbereich und ihre berufliche Entwicklung erforderlichen Kenntnisse und Fähigkeiten zu bemühen.

Die Fortbildung der Mitarbeiterinnen und Mitarbeiter und die Förderung ihrer beruflichen Entwicklung sind eine wesentliche Führungsaufgabe. Daher sollen Vorgesetzte Gespräche über in Betracht kommende Fortbildungsmaßnahmen führen. Sie sollen die Mitarbeiterinnen und Mitarbeiter zum Besuch von geeigneten Fortbildungsveranstaltungen auffordern, sich für ihre Teilnahme einsetzen und die erforderlichen Freiräume für eine Teilnahme schaffen.

Vorgesetzte fördern die berufliche und persönliche Weiterentwicklung und Veränderung ihrer Mitarbeiterinnen und Mitarbeiter, indem sie den Wunsch nach Wechsel des Dienstpostens (Rotation) aktiv unterstützen.

Delegation

Erfolgreiche Zusammenarbeit setzt die Bereitschaft der Vorgesetzten voraus, Verantwortung abzugeben. Delegation schafft Raum für die Wahrnehmung von Führungsaufgaben. Ein Eingriff der Vorgesetzten in die Erledigung der delegierten Aufgaben soll sich auf (sachlich gerechtfertigte) Ausnahmefälle beschränken.

Die Delegation und Zuordnung der Aufgaben erfolgen nach den persönlichen Fähigkeiten und sachlichen Erfordernissen möglichst umfassend. Vorgesetzte beschränken sich auf Orientierungshilfen über die Aufgabenschwerpunkte, die (zeitliche) Priorität und die wesentlichen Entscheidungskriterien. Hierzu gehört auch der Koordinierungsbedarf mit anderen Bereichen im Hinblick auf die übergeordneten Ziele der Landesverwaltung.

Mitarbeiterinnen und Mitarbeiter müssen bereit sein, Verantwortung zu übernehmen. Die Vertretung der Arbeitsergebnisse gegenüber der Behördenleitung und nach außen kann Anerkennung und Ansporn sein.

Zielvereinbarungen

Die Zielvereinbarung ist ein wichtiges Instrument der Zusammenarbeit und Führung. Sie stärkt die Selbständigkeit und das Verantwortungsbewusstsein der Mitarbeiterinnen und Mitarbeiter und ermöglicht ergebnisorientiertes und effizientes Arbeiten. Sie bietet den Mitarbeiterinnen und Mitarbeitern die Chance, über Mittel und Wege der Zielerreichung mit zu entscheiden. In der outputgesteuerten Verwaltung sind Kontrakte und Zielvereinbarungen unverzichtbare Voraussetzung für die Zuteilung eines Budgets.

Gemeinsame Zielvereinbarungen

Ziele sollen grundsätzlich gemeinsam und einvernehmlich in Jahresgesprächen oder in gesonderten Gesprächen mit der jeweiligen Mitarbeiterin oder dem Mitarbeiter oder einem Team festgelegt werden. Dabei können Arbeitsziele (zum Beispiel Leistungsziele oder Finanzziele) abgesprochen sowie Prioritäten und Zusammenhänge der einzelnen Aufgabenbereiche konkretisiert werden. Die Art und Weise, wie das Ziel erreicht wird, bleibt dabei grundsätzlich den Mitarbeiterinnen und Mitarbeitern überlassen. Eine etwaige Minderung der Arbeits- und Verwendungsfähigkeit durch eine Behinderung ist zu berücksichtigen.

In Betracht kommen aber auch personenbezogene Ziele, zum Beispiel über Fortbildungsmaßnahmen oder Arbeitsplatzwechsel.

Benennung konkreter Ziele

Ziele können nur dann eine nützliche Arbeitsgrundlage sein, wenn sie klar definiert und erreichbar sind. Die Vereinbarkeit mit übergeordneten Zielen ist sicherzustellen. Im Einvernehmen mit der jeweiligen Personalvertretung können Dienststellen regeln, dass solche Zielvereinbarungen schriftlich oder mündlich abgeschlossen werden können. Nur dann wissen Mitarbeiterinnen und Mitarbeiter, was von ihnen erwartet wird, und Abweichungen von den Zielvorgaben können festgestellt werden.

Zielkonflikte/Zielkorrekturen

Die Auflösung von Zielkonflikten fordert beide Seiten in besonderem Maße. Kommt keine einvernehmliche Regelung zustande oder zeichnet sich die Notwendigkeit einer Korrektur der Zielvereinbarung ab, wirken Vorgesetzte in partnerschaftlicher Zusammenarbeit mit den Mitarbeiterinnen und Mitarbeitern auf die erforderliche Korrektur hin.

Ziel- und Ergebniskontrolle

Kontrolle ist nicht Ausdruck eines prinzipiellen Misstrauens. Sie ist unverzichtbarer Bestandteil der Führungsaufgabe. Richtig ausgeübte Kontrolle ist die notwendige Ergänzung von Zielvereinbarung und Delegation und dient der Einschätzung, also der Anerkennung oder der Kritik der Arbeitsergebnisse. Kontrolle ist auch Entscheidungsgrundlage für den richtigen Personaleinsatz und dient darüber hinaus dazu, Fehlentwicklungen rechtzeitig zu erkennen und gegenzusteuern.

Vorrangig obliegt es den Mitarbeiterinnen und Mitarbeitern, eigenverantwortlich für die Erreichung der Ziele zu sorgen. Dabei werden sie von den Führungskräften konstruktiv und situationsbezogen begleitet. Die Arbeitsergebnisse werden gemeinsam besprochen. Werden Abweichungen zwischen den Arbeitsergebnissen und den vereinbarten Zielen festgestellt, wirken Vorgesetzte vornehmlich kooperativ mit den Mitarbeiterinnen und Mitarbeitern auf die erforderlichen Korrekturen hin.

Grundsätze über Zusammenarbeit und Führung

Gemeinsame Konfliktbewältigung

Wo Menschen zusammenarbeiten, sind Konflikte unvermeidbar. Sie können in den unterschiedlichen Interessen, aber auch in den verschiedenen Verhaltensweisen angelegt sein. Dabei können persönliche Konflikte hinter vermeintlichen Sachkonflikten verborgen sein.

Das Auftreten von Konflikten kann auch eine Chance zu Veränderungen sein, indem es Anlass bietet, Arbeitsabläufe zu hinterfragen, neue Methoden auszuprobieren und kreative Lösungen zu entwickeln. Voraussetzung ist aber, dass Konflikte offen angesprochen und nicht verdrängt werden.

Gemeinsame Konfliktbewältigung setzt voraus, dass Vorgesetzte wie Mitarbeiterinnen und Mitarbeiter bereit sind, Spannungen und Differenzen offen anzusprechen, Konfliktursachen zu ergründen und an einer Lösung aktiv mitzuarbeiten. Dabei ist jeder aufgefordert, die Initiative zur Aufarbeitung eines Konflikts zu ergreifen. Vorgesetzte tragen jedoch für die Art und Weise der Konfliktregelung eine besondere Verantwortung. Konflikte aufgrund des Verhaltens von Einzelpersonen versuchen Vorgesetzte im direkten Gespräch auszuräumen. Grundsätzlich halten sie die Konfliktparteien zur eigenverantwortlichen Konfliktlösung an. Erst wenn Arbeitsfriede und Arbeitsleistung gefährdet erscheinen, greifen sie ein.

Reichen eigene Anstrengungen zur Konfliktregelung nicht aus beziehungsweise sind Vorgesetzte und Mitarbeiterinnen und Mitarbeiter unmittelbar an einem Konflikt beteiligt, kann es sinnvoll sein, mit Hilfe einer dritten Person eine eigenverantwortliche Konfliktregelung für die Zukunft zu finden.

Kommunikation

Die Zusammenarbeit funktioniert nur, wenn die Beschäftigten miteinander kommunizieren. Eine weitere Führungsaufgabe der Vorgesetzten ist es daher, die notwendigen Kommunikationsabläufe sicherzustellen.

Neben den regelmäßig stattfindenden beruflichen Kontakten gibt es folgende Gesprächsformen:
- das Jahresgespräch,
- das Mitarbeitergespräch während einer Rotation,
- das Beurteilungsgespräch,
- das Auswertungsgespräch im Rahmen der Vorgesetztenrückmeldung
- und das Zielvereinbarungsgespräch.

Bei erfolglosen Bewerbungen empfiehlt sich ein Fördergespräch.

Jahresgespräch

Das Jahresgespräch ist mindestens einmal im Jahr zwischen unmittelbaren Vorgesetzten und Mitarbeiterinnen und Mitarbeitern zu führen. Das Jahresgespräch bietet beiden Seiten die Chance, sich unabhängig von einer konkreten Aufgabenerledigung und losgelöst vom „Alltagsgeschäft“ ungestört und offen über Arbeitsleistung und Arbeitszufriedenheit, Wahrnehmung von Personalführungsaufgaben, Kommunikation und Förderung, aber auch über Konflikte auszutauschen. Für das Jahresgespräch ist ausreichend Zeit vorzusehen.

Die partnerschaftliche Kommunikation steht im Vordergrund, das heißt beide Seiten sollen Verlauf und Inhalt des Gesprächs in gleichem Maße beeinflussen. Das Jahresgespräch kann mit einer Zielvereinbarung abschließen.

Inhalte

Das Jahresgespräch sollte enthalten:
- eine Rückmeldung über die Zusammenarbeit innerhalb und außerhalb der eigenen Organisationseinheit,

- die dienstlichen Perspektiven der Mitarbeiterinnen und Mitarbeiter. Hier sollten u. a. die individuellen Stärken und Schwächen erörtert, geeignete Fördermaßnahmen abgestimmt und festgelegt sowie die Rotationsmöglichkeiten thematisiert werden. Bei schwer behinderten Menschen kommen als Fördermaßnahmen insbesondere die Maßnahmen in Betracht, die in Abschnitt IV der Integrationsrichtlinien aufgeführt sind,
- die Auswertung der Erfüllung einer eventuellen Zielvereinbarung aus dem letzten Jahresgespräch
- und die Entwicklung von sach- und aufgabenbezogenen Perspektiven für das folgende Jahr.

Das Gespräch bietet auch Gelegenheit zu Erörterungen organisatorischer Art. Hierbei können Fragen nach der Ausstattung und der Gestaltung des Arbeitsplatzes und der Rahmenbedingungen erörtert werden wie zum Beispiel verschiedene Formen der Arbeitszeitgestaltung, die Arbeitsabläufe, die Datenverarbeitungsausstattung (Internet, Hardware, Software) und der Zugang zu Literatur und Fachzeitschriften.

Vertraulichkeit

Der Gesprächsinhalt ist vertraulich. Informationen dürfen an Dritte nur in beiderseitigem Einvernehmen weitergegeben werden. Hinweise über die Durchführung oder Inhalte des Jahresgesprächs werden nicht in die Personalakte aufgenommen.

Vorgaben

Die Tatsache, dass ein Gespräch stattgefunden hat, ist schriftlich festzuhalten und durch beiderseitige Unterschrift zu dokumentieren. In jeder Dienststelle muss ein geeignetes Verfahren (zum Beispiel durch Dienstbesprechungen) für das Führen von Jahresgesprächen festgelegt werden, damit sichergestellt ist, dass diese Gespräche auch stattfinden.

Die nächst höheren Vorgesetzten und die Behördenleitung sind in geeigneter Form über die Durchführung der Jahresgespräche zu unterrichten. Die Vorgesetzten und nächst höheren Vorgesetzten tauschen sich über Erfahrungen mit den Jahresgesprächen in Dienstbesprechungen aus, wobei personenbezogene Daten vertraulich zu behandeln sind.

Für den Bereich der Lehrkräfte erlässt das Kultusministerium eine eigene Regelung.

Umsetzung

Diese Grundsätze auch im Arbeitsalltag anzuwenden und mit Leben zu erfüllen, ist eine herausfordernde Aufgabe für alle Beschäftigten. Sie ist auch Führungsaufgabe der jeweiligen Dienststellenleitung.

Die Dienststellenleitungen haben für die Umsetzung in den Dienststellen zu sorgen und sie durch Fortbildung und interne Maßnahmen (wie zum Beispiel Dienstbesprechungen, Bekanntmachungen in Mitarbeiterzeitungen) zu unterstützen.

Controlling

Die Überprüfung der erfolgreichen Umsetzung des Erlasses gehört zu den Aufgaben des Controllings. Daher sind in regelmäßigen Abständen von den Dienststellen beziehungsweise den Ressorts Erfahrungen zum Beispiel mit dem Führen der Jahresgespräche abzufragen und auszuwerten. Darüber hinaus wird in gewissen Zeitabständen eine zentrale Auswertung der Erfahrungen gemacht.

Hessisches Ministerium
des Innern und für Sport

Konferenzordnung

vom 29. Juni 1993 (ABl. S. 718; ber. S. 1006),
zuletzt geändert durch Verordnung vom 19. November 2012 (ABl. S. 710);
Gült.Verz. Nr. 721

Inhaltsübersicht

Auf Grund des § 136 in Verbindung mit § 185 Abs. 1 des Hessischen Schulgesetzes vom 17. Juni 1992 (GVBl. I S. 233) wird verordnet:

ERSTER TEIL
Schulkonferenz

Erster Abschnitt
Allgemeines

§ 1 Aufgaben

(1) Die Schulkonferenz ist das gemeinsame Beratungs- und Beschlussorgan der Schule. Sie entscheidet und berät im Rahmen der ihr durch §§ 111 Abs. 2, 128 bis 130 und 132 des Hessischen Schulgesetzes übertragenen Aufgaben.

(2) Bei den Entscheidungen der Schulkonferenz sind die Belange des gebotenen Zusammenwirkens mit anderen Schulen und den Jugendämtern nach § 3 Abs. 8 Satz 2, § 3 Abs. 10 Satz 1 und § 11 Abs. 8 des Hessischen Schulgesetzes zu wahren.

§ 2 Mitglieder und Amtszeit

(1) Die Höchstzahl der Mitglieder der Schulkonferenz beträgt 25, die Mindestzahl 11, an Schulen bis zur Jahrgangsstufe 12 oder 13 (§ 131 Abs. 2 Nr. 3 Hessisches Schulgesetz) beträgt die Mindestzahl 13, es sei denn die Zahl der Lehrkräfte einer Schule ist geringer als fünf. Wählt eine Personengruppe (Lehrkräfte, Eltern, Schülerinnen und Schüler oder Studierende) keine Mitglieder in die Schulkonferenz, so verringert sich die Zahl der Mitglieder der Schulkonferenz um die dieser Personengruppe zustehenden Sitze.

(2) Eine Erhöhung der Zahl der Mitglieder bis zu der für die jeweilige Schulstufe oder Schulform zulässigen Höchstzahl, an den in § 131 Abs. 2 Nr. 1, 3, 6 und gegebenenfalls 7 des Hessischen Schulgesetzes genannten Schulen bis zur Höchstzahl 25, an den in § 131 Abs. 2 Nr. 2, 4 und 5 genannten Schulen bis zur Höchstzahl 21, ist zulässig, wenn die Gesamtkonferenz, der Schulelternbeirat und der Schüler- oder Studierendenrat dies jeweils mehrheitlich beschließen. Sofern nicht alle in Satz 1 genannten Gremien eine Erhöhung beschließen, bleibt es bei der Mindestzahl der Sitze nach Abs. 1.

(3) An beruflichen Schulen sind zusätzlich je zwei Vertreterinnen oder Vertreter der Arbeitnehmer und Arbeitgeber mit beratender Stimme Mitglied der Schulkonferenz. Die Schulleiterin oder der Schulleiter bittet die Arbeitnehmer- und Arbeitgebervertretungen für die Ausbildungsberufe, Berufsgruppen und Berufsfelder des Schulbezirks der Schule um die Benennung der Vertreterinnen oder Vertreter nach Satz 1 bis spätestens zwei Monate nach Schuljahresbeginn. Dabei ist darauf hinzuweisen, dass die Benennung nach Möglichkeit den Ausbildungsberufen, Berufsgruppen und Berufsfeldern der Mehrzahl der Schülerinnen und Schüler entspricht. Können sich die Arbeitnehmer- und Arbeitgebervertretungen nicht über die Benennung der jeweiligen Vertreterinnen oder Vertreter einigen, bleiben diese Sitze in der Schulkonferenz unbesetzt.

(4) Die Amtszeit der Mitglieder der Schulkonferenz dauert zwei Schuljahre.

(5) Mitglieder, deren Amtszeit abgelaufen ist, führen ihr Amt bis zur Neuwahl auch dann weiter, wenn sie nicht mehr wählbar sind.

Zweiter Abschnitt
Wahl der Mitglieder der Schulkonferenz

§ 3 Vorbereitung der Wahl

(1) Zur Vorbereitung der Wahl der Mitglieder der Schulkonferenz erlässt die Schulleiterin oder der Schulleiter unverzüglich nach Abschluss der Elternbeiratswahlen und der Wahlen zum Schüler- und Studierendenrat, spätestens jedoch zwei Monate nach Unterrichtsbeginn eines Schuljahres, ein Wahlausschreiben, in dem die Termine für die Wahlen der jeweili-

gen Personengruppen bekannt gegeben werden, sofern sie bereits festgesetzt worden sind. Zugleich mit der Bekanntgabe der Wahltermine werden die Mitglieder der Gesamtkonferenz, die des Schulelternbeirats und die des Schüler- oder Studierendenrats zur Wahl eingeladen (§ 5 Abs. 4).

(2) Das Wahlausschreiben muss ferner enthalten:
1. den Ort und den Tag seines Erlasses,
2. die Mindestzahl der zu wählenden Mitglieder der Schulkonferenz und die Anzahl der zu wählenden Vertreterinnen und Vertreter der Lehrkräfte, der Eltern und der Schülerinnen und Schüler oder der Studierenden,
3. den Hinweis, dass bis zu der zulässigen Höchstzahl Mitglieder gewählt werden können, wenn sich die Gesamtkonferenz, der Schulelternbeirat und der Schüler- und Studierendenrat durch jeweilige Mehrheitsentscheidungen über die Zahl der gewünschten Sitze einigen,
4. den Hinweis, dass anzustreben ist, dass Frauen und Männer zu gleichen Teilen in der Schulkonferenz vertreten sind,
5. den Hinweis über die Wahlberechtigung der Mitglieder der Gesamtkonferenz, des Schulelternbeirats und des Schüler- oder Studierendenrats,
6. den Hinweis über die Wählbarkeit der Mitglieder der Gesamtkonferenz (§ 34 Konferenzordnung in Verbindung mit § 86 Abs. 1 Satz 1 und § 131 Abs. 3 Satz 1 Hessisches Schulgesetz), jedes Elternteils einer minderjährigen Schülerin oder eines minderjährigen Schülers (§ 100 Hessisches Schulgesetz), der Schülerinnen und Schüler, die mindestens die Jahrgangsstufe 8 erreicht haben, und der Studierenden. Eltern, Schülerinnen und Schüler und Studierende, die nicht Mitglieder des Schulelternbeirats oder des Schüler- oder Studierendenrats sind, benötigen für ihre Kandidatur eine Wählbarkeitsbescheinigung der Schulleiterin oder des Schulleiters, in der der Schulbesuch des Kindes, der Schülerin oder des Schülers oder der oder des Studierenden zu bestätigen ist,
7. den Hinweis, dass nach den Grundsätzen der Mehrheitswahl (Personenwahl) gewählt wird, es sei denn, dass ein Viertel der Mitglieder der Gesamtkonferenz, des Schulelternbeirats oder des Schüler- oder Studierendenrats beantragt, die Wahlen der jeweiligen Personengruppe nach den Grundsätzen der Verhältniswahl (Listenwahl) durchzuführen; die Vorschlagslisten sind innerhalb von zehn Tagen nach Erlass des Wahlausschreibens der oder dem Vorsitzenden der jeweiligen Personengruppe einzureichen (§ 4 Abs. 3),
8. die Angabe, dass die Wahlen jeweils in Wahlversammlungen der Gesamtkonferenz, des Schulelternbeirats und des Schüler- oder Studierendenrats durchgeführt werden,
9. den Ort, den Tag und die Zeit der Stimmabgabe für die Wahlen der jeweiligen Personengruppe, sofern die Wahltermine bereits festgesetzt worden sind,
10. den Hinweis, dass die Wahlen spätestens vier Wochen nach Erlass des Wahlausschreibens abgeschlossen sein müssen.

(3) Das Wahlausschreiben ist bis zum Abschluss der Stimmabgabe an geeigneten Stellen in der Schule auszuhängen. Abdrucke des Wahlausschreibens sind am Tage seines Erlasses den Schülerinnen und Schülern zur Weiterleitung an ihre Eltern auszuhändigen. Den Eltern abwesender Schülerinnen und Schüler ist in geeigneter Weise das Wahlausschreiben unverzüglich zur Kenntnis zu geben. Der Schulelternbeirat und der Schüler- und Studierendenrat erhalten jeweils einen Abdruck des Wahlausschreibens.

§ 4 Wahlgrundsätze

(1) Die Wahlen werden nach den Grundsätzen der Mehrheitswahl (Personenwahl) durchgeführt. Wenn jeweils ein Viertel der Mitglieder der Gesamtkonferenz des Schulelternbeirats oder des Schüler- oder des Studierendenrats es beantragt, sind die Wahlen dieser Personengruppe nach den Grundsätzen der Verhältniswahl (Listenwahl) durchzuführen. Die Wahlen sind geheim.

(2) Wird nach den Grundsätzen der Mehrheitswahl gewählt, so soll der Wahlvorschlag mindestens doppelt so viele Bewerberinnen und Bewerber enthalten, wie für die jeweilige Personengruppe Vertreterinnen und Vertreter in die Schulkonferenz zu wählen sind. Auf dem Stimmzettel sind die Namen der Bewerberinnen und Bewerber anzukreuzen oder in sonstiger Weise zweifelsfrei zu kennzeichnen, für die die Wählerin oder der Wähler die Stimme abgeben will. Ungültig sind Stimmzettel, die ein auf die Person der Wählerin oder des Wählers hinweisendes Merkmal, einen Zusatz oder einen Vorbehalt enthalten. Es dürfen nicht mehr Namen angekreuzt oder gekennzeichnet werden, als Vertreterinnen und Vertreter zu wählen sind. Gewählt sind die Bewerberinnen und Bewerber mit der höchsten auf sie entfallenden Stimmenzahl. Zwischen Bewerberinnen und Bewerbern, die dieselbe Stimmenzahl erhalten haben, findet eine Stichwahl statt. Ergibt sich bei der Stichwahl wieder Stimmengleichheit, so entscheidet das von der Wahlleiterin oder dem Wahlleiter zu ziehende Los.

(3) Wird in einer der in Abs. 1 genannten Personengruppen nach den Grundsätzen der Verhältniswahl gewählt, sind die Wahlvorschläge (Vorschlagslisten) innerhalb von 10 Tagen nach Erlass des Wahlausschreibens der Vorsitzenden oder dem Vorsitzenden der jeweiligen Personengruppe einzureichen; die Vorsitzende oder der Vorsitzende versieht die Wahlvorschläge in der Reihenfolge ihres Eingangs mit Ordnungsnummern (Vorschlag 1, usw.). Sind mehrere Wahlvorschläge gleichzeitig eingegangen, entscheidet das Los über die Reihenfolge. Jeder Wahlvorschlag soll mindestens doppelt so viele, muss jedoch mindestens so viele Bewerberinnen und Bewerber enthalten, wie für die jeweilige Personengruppe Vertreterinnen und Vertreter in die Schulkonferenz zu wählen sind. Der Wahlvorschlag muss von mindestens einem Zehntel der Wahlberechtigten, mindestens jedoch von zwei Wahlberechtigten der Personengruppe unterzeichnet sein. Jeder Wahlberechtigte darf nur einen Wahlvorschlag unterzeichnen. Die schriftliche Zustimmung der wählbaren Bewerberinnen oder Bewerber zur Aufnahme in den Vorschlag ist beizufügen. Jede Bewerberin oder jeder Bewerber kann nur auf einem Wahlvorschlag benannt werden. Wird nur ein Wahlvorschlag eingereicht, findet Mehrheitswahl statt.

(4) Bei Verhältniswahl ist auf dem Stimmzettel die Vorschlagsliste (Wahlvorschlag) anzukreuzen oder in sonstiger Weise zweifelsfrei zu kennzeichnen, für die die Wählerin oder der Wähler die Stimme abgeben will; Abs. 2 Satz 3 gilt entsprechend. Die Summen der auf die einzelnen Vorschlagslisten jeder Personengruppe entfallenden Stimmen werden nebeneinander gestellt und der Reihe nach durch 1, 2, 3 usw. geteilt. Auf die jeweils höchste Teilzahl (Höchstzahl) wird so lange ein Sitz zugeteilt, bis alle der Personengruppe zustehenden Sitze verteilt sind. Ist bei gleichen Höchstzahlen nur noch ein Sitz zu verteilen, so fällt er der Vorschlagsliste zu, die andernfalls im Verhältnis zu ihrem Anteil an der Gesamtzahl der in der jeweiligen Personengruppe abgegebenen Stimmen am stärksten benachteiligt wäre. Satz 4 gilt entsprechend, wenn bei mehreren gleichen Höchstzahlen nur noch weniger Sitze zu verteilen als Höchstzahlen vorhanden sind. Innerhalb der Vorschlagslisten sind die Sitze auf die Bewerberinnen und die Bewerber in der Reihenfolge ihrer Benennung zu verteilen.

§ 5 Wahltermin

(1) Die Wahlen sind spätestens vier Wochen nach dem Aushang des Wahlausschreibens durchzuführen.

(2) Die Wahltermine für die Wahlen der jeweiligen Personengruppen sollen so rechtzeitig festgesetzt werden, dass sie in das Wahlausschreiben aufgenommen werden können.

(3) Die Wahltermine werden festgesetzt:

1. bei den Wahlen der Vertreterinnen und Vertreter der Lehrkräfte durch die Schulleiterin oder den Schulleiter,
2. bei den Wahlen der Vertreterinnen und Vertreter der Eltern durch die Vorsitzende oder den Vorsitzenden des Schulelternbeirats im Benehmen mit der Schulleiterin oder dem Schulleiter,

3. bei den Wahlen der Vertreterinnen und Vertreter der Schülerinnen und Schüler oder der Studierenden durch die Schulsprecherin oder den Schulsprecher oder die Sprecherin oder den Sprecher des Studierendenrats im Benehmen mit der Schulleiterin oder dem Schulleiter, an beruflichen Schulen mit einer Schüler- und Studierendenvertretung durch die Schulsprecherin oder den Schulsprecher im Benehmen mit dem Vorstand der Studierendenvertretung und der Schulleiterin oder dem Schulleiter.

(4) Die Wahltermine sind den Eltern, Schülerinnen und Schülern oder Studierenden und den Lehrkräften mindestens zehn Tage vor dem Wahltag bekannt zu geben, sofern die Bekanntgabe nicht bereits durch das Wahlausschreiben erfolgte. Bei den Wahlen nach Abs. 3 Nr. 1 und 3 erfolgt die Bekanntgabe durch Aushang in der Schule. Mit der Bekanntgabe werden zugleich die Mitglieder der Gesamtkonferenz und die des Schüler- oder Studierendenrats zur Wahl eingeladen. Bei den Wahlen nach Abs. 3 Nr. 2 erfolgt die Bekanntgabe des Wahltermins durch ein Schreiben der oder des Vorsitzenden des Schulternbeirats, das den Schülerinnen oder Schülern zur Weiterleitung an ihre Eltern ausgehändigt wird. § 3 Abs. 3 Satz 3 gilt entsprechend. Die Mitglieder des Schulelternbeirats werden von der oder dem Vorsitzenden schriftlich zur Wahl eingeladen. Erfolgt die Einladung durch die Post, so gilt sie mit dem dritten Tage nach der Aufgabe zur Post als zugegangen.

§ 6 Wahlversammlungen

(1) Die Gesamtkonferenz, der Schulelternbeirat und der Schüler- oder Studierendenrat bilden für die Durchführung der Wahlen jeweils eine Wahlversammlung. An beruflichen Schulen mit einer Schüler- und Studierendenvertretung bilden beide eine Wahlversammlung. Die Wahlversammlungen werden von der oder dem Vorsitzenden der jeweiligen Personengruppe eröffnet. Sie leiten die Bestellung der Wahlausschüsse. Die Wahlausschüsse bestehen in der Regel aus der Wahlleiterin oder dem Wahlleiter, der Schriftführerin oder dem Schriftführer und bei Bedarf aus weiteren Beisitzern. Mitglieder des Wahlausschusses können nur Wahlberechtigte sein. Sie werden aus der Mitte der Wahlberechtigten vorgeschlagen und durch offene Abstimmung bestätigt. Die Kandidatur von Mitgliedern des Wahlausschusses für einen Sitz in der Schulkonferenz ist unzulässig. An Schulen mit sechs oder weniger Lehrkräften, mit Ausnahme der Schulleiterin oder des Schulleiters, wird für die Wahl der Vertreter der Lehrkräfte kein Wahlausschuss gebildet; die Wahlen werden von der Schulleiterin oder dem Schulleiter durchgeführt.

(2) Die Wahlversammlung ist beschlussfähig, wenn mehr als die Hälfte der stimmberechtigten Mitglieder anwesend ist. Sie ist ohne Rücksicht auf die Zahl der Erschienenen beschlussfähig, wenn darauf in der erneuten Ladung ausdrücklich hingewiesen worden ist.

§ 7 Wahlhandlung

(1) Die Wahlleiterin oder der Wahlleiter nimmt die Wahlvorschläge entgegen. Sie oder er prüft, ob die vorgeschlagenen Personen wählbar sind, und gibt die Wahlvorschläge der Wahlversammlung bekannt. Die vorgeschlagenen Personen sollen sich äußern, ob sie bereit sind, eine Wahl anzunehmen. Bewerberinnen und Bewerber, die nicht stimmberechtigt sind, sind nur wählbar, wenn sie eine Wählbarkeitsbescheinigung vorlegen.

(2) Bei Mehrheitswahl (Personenwahl) werden die Wahlvorschläge in alphabetischer Reihenfolge auf dem Stimmzettel zusammengefasst.

(3) Bei Verhältniswahl (Listenwahl) sind die Vorschlagslisten in der Reihenfolge der Ordnungsnummern auf dem Stimmzettel untereinander aufzuführen.

(4) Vor Beginn der Wahlhandlung kann eine Aussprache über die Wahlvorschläge erfolgen. Den Kandidatinnen und Kandidaten ist Gelegenheit zu geben, sich vorzustellen und ihre Auffassungen zu erläutern.

(5) Bei jedem Wahlgang dürfen nur einheitliche Stimmzettel verwandt werden. Nach Abschluss der Auszählung gibt die Wahlleiterin oder der Wahlleiter das Wahlergebnis bekannt und fragt die Gewählten, ob sie das Amt annehmen.

(6) Über das Wahlergebnis fertigt der Wahlausschuss eine Niederschrift, die von sämtlichen Mitgliedern des Wahlausschusses zu unterzeichnen ist.

Die Niederschrift muss enthalten:

1. die Bezeichnung der Wahl,
2. Ort und Zeit der Wahl,
3. die Namen und die Zahl der Wahlberechtigten,
4. im Falle der Mehrheitswahl die Zahl der auf jede Bewerberin und jeden Bewerber entfallenden gültigen Stimmen, im Falle der Verhältniswahl die Zahl der auf jede Vorschlagsliste entfallenden gültigen Stimmen sowie die Verteilung der Sitze auf die Vorschlagslisten,
5. die Namen der gewählten Bewerberinnen und Bewerber,
6. die Zahl der ungültigen Stimmen sowie die Zahl der Stimmenthaltungen,
7. das Ergebnis der etwaigen Auslosung.

(7) Die Wahlleiterin oder der Wahlleiter teilt die Namen und Anschriften der gewählten Mitglieder der Schulkonferenz und die der Ersatzmitglieder nach § 8 Abs. 2 unverzüglich der Schulleiterin oder dem Schulleiter mit.

(8) Wahlunterlagen, wie Niederschriften, Stimmzettel, Wahlausschreibungen, Wählbarkeitsbescheinigungen werden von der Schulleiterin oder dem Schulleiter bis zur Durchführung der nächsten Wahlen der Mitglieder der Schulkonferenz aufbewahrt.

§ 8 Ersatzmitglieder

(1) Als Mitglied der Schulkonferenz scheidet aus, wer die Wählbarkeit für das jeweilige Amt verliert oder von seinem Amt zurücktritt. An seine Stelle tritt ein Ersatzmitglied ein. Das Gleiche gilt, wenn ein Mitglied der Schulkonferenz zeitweilig verhindert ist.

(2) Wurde nach den Grundsätzen der Mehrheitswahl gewählt, so tritt als Ersatzmitglied die nicht gewählte Bewerberin oder der nicht gewählte Bewerber mit der nächsthöheren Stimmenzahl ein. Wurde nach den Grundsätzen der Verhältniswahl gewählt, so werden die Ersatzmitglieder der Reihe nach aus den nicht gewählten Bewerberinnen und Bewerbern derjenigen Vorschlagsliste entnommen, denen die zu ersetzenden Mitglieder angehören.

(3) Jedes Mitglied der Schulkonferenz kann, sofern nach den Grundsätzen der Mehrheitswahl gewählt wurde, das Ersatzmitglied mit der nächsthöheren Stimmenzahl mit der Teilnahme an den Sitzungen der Lehrerkonferenzen mit Ausnahme der Zeugnis- und Versetzungskonferenzen sowie der Eltern- und Schülervertretung beauftragen. Wurde nach den Grundsätzen der Verhältniswahl gewählt, erfolgt die Beauftragung des Ersatzmitglieds nach dem in Abs. 2 Satz 2 festgelegten Verfahren.

§ 9 Wahlanfechtung

(1) Mitglieder der Gesamtkonferenz, des Schulelternbeirats und des Schüler- oder Studierendenrats können innerhalb einer Frist von vierzehn Tagen nach Bekanntgabe des Wahlergebnisses diese Wahl anfechten. Die Anfechtung kann nur darauf gestützt werden, dass gegen wesentliche Vorschriften über das Wahlrecht, die Wählbarkeit oder das Wahlverfahren verstoßen worden ist, es sei denn, dass durch den Verstoß das Wahlergebnis nicht verändert oder beeinflusst werden konnte.

(2) Die Anfechtung ist schriftlich gegenüber der Schulleiterin oder dem Schulleiter zu erklären und zu begründen.

(3) Über die Anfechtung entscheidet die zuständige Schulaufsichtsbehörde.

(4) Die Mitglieder der Schulkonferenz, deren Wahl für ungültig erklärt wurde, führen ihr Amt bis zur Wiederholungswahl weiter. Die Wiederholungswahl muss spätestens innerhalb von zwei Monaten nach Ungültigkeitserklärung erfolgen.

Dritter Abschnitt
Verfahrensvorschriften

§ 10 Einberufung der Schulkonferenz

(1) Die Schulkonferenz wird von der Schulleiterin oder dem Schulleiter unter Angabe von Ort, Zeit und Tagesordnung mindestens einmal im Schulhalbjahr außerhalb der Unterrichtszeit in der Regel nicht vor 17.00 Uhr einberufen. Die Einladungen sind den Mitgliedern, zusätzlich den Ersatzmitgliedern zur Kenntnis, grundsätzlich spätestens zehn Tage vor der Sitzung mit der Tagesordnung zu übersenden. Auf Antrag eines Viertels der stimmberechtigten Mitglieder oder auf Antrag einer der in der Schulkonferenz vertretenen Personengruppen ist sie unverzüglich unter Angabe der zu beratenden Gegenstände einzuberufen.

(2) Die Mitglieder können zu Beginn der Schulkonferenz weitere Anträge zur Tagesordnung stellen. Die Schulkonferenz entscheidet mit einfacher Mehrheit, ob diese Anträge in der Sitzung behandelt werden. Werden sie nicht behandelt, so sind sie auf die Tagesordnung der nächsten Sitzung der Schulkonferenz zu setzen.

§ 11 Beschlussfähigkeit und Entscheidungen

(1) Die Schulkonferenz ist bei Anwesenheit von mindestens der Hälfte ihrer stimmberechtigten Mitglieder beschlussfähig. Sie ist ohne Rücksicht auf die Zahl der anwesenden stimmberechtigten Mitglieder beschlussfähig, wenn sie wegen Beschlussunfähigkeit erneut zur Beratung desselben Gegenstandes einberufen werden muss. Bei der erneuten Ladung ist hierauf hinzuweisen; für die Ladungsfrist gilt §10 Abs. 1 Satz 2.

(2) Beschlüsse bedürfen der Mehrheit der anwesenden stimmberechtigten Mitglieder. Bei Stimmengleichheit entscheidet die Stimme der oder des Vorsitzenden. Die Abstimmungen sind offen, auf Verlangen eines Fünftels der anwesenden stimmberechtigten Mitglieder jedoch geheim. Stimmenthaltungen und ungültige Stimmen zählen zur Berechnung der Mehrheit nicht mit.

(3) Mit Zustimmung der Schulleiterin oder des Schulleiters, die widerruflich ist, kann die Schulkonferenz für die Beratung einzelner Tagesordnungspunkte oder für die jeweilige Sitzung eine Verhandlungsleiterin oder einen Verhandlungsleiter wählen. Das Recht der Schulleiterin oder des Schulleiters nach Abs. 2 Satz 2 bleibt unberührt.

(4) An Schulen, an denen wegen der zu geringen Zahl der Lehrkräfte keine Ersatzmitglieder eintreten können, wird bei Abwesenheit der Lehrkraft, die Mitglied der Schulkonferenz ist, das ihr zustehende Stimmrecht von der in der Schulkonferenz anwesenden Lehrkraft zusätzlich ausgeübt, die von der abwesenden Lehrkraft damit beauftragt worden ist. Die Beauftragung ist der Schulleiterin oder dem Schulleiter schriftlich mitzuteilen.

§ 11a Geschäftsordnung und Pflicht zur Verschwiegenheit

(1) Die Schulkonferenz kann sich unter Beachtung der in diesem Abschnitt getroffenen Regelungen eine Geschäftsordnung geben.

(2) Über Angelegenheiten, die ihrer Bedeutung nach einer vertraulichen Behandlung bedürfen, haben die Mitglieder der Schulkonferenz auch nach Beendigung ihrer Amtszeit Verschwiegenheit zu wahren.

§ 12 Niederschrift

(1) Über jede Sitzung ist eine Niederschrift anzufertigen, die nach Genehmigung durch die Schulkonferenz von der oder dem Vorsitzenden und der jeweiligen Protokollführerin oder dem Protokollführer zu unterzeichnen ist. Die Niederschrift ist zu den Schulakten zu nehmen. Jedes Mitglied der Schulkonferenz kann verlangen, dass seine von dem Konferenzbeschluss abweichende Meinung in der Niederschrift vermerkt wird. Die Niederschrift muss enthalten:

1. die Bezeichnung der Konferenz,
2. die Feststellung der ordnungsgemäßen Ladung und der Beschlussfähigkeit,
3. Ort, Beginn und Ende der Konferenz,

4. die Tagesordnung,
5. die Namen der anwesenden Mitglieder und der anderen erschienenen Personen,
6. die Namen der verhinderten Mitglieder,
7. wesentliche Gesichtspunkte der Beratung,
8. die Anträge und die gefassten Beschlüsse im Wortlaut,
9. das Stimmverhältnis bei Abstimmungen,
10. die ausdrücklich zur Niederschrift abgegebenen Erklärungen.

(2) Die genehmigten Niederschriften können jederzeit durch die Mitglieder der Schulkonferenz und deren Ersatzmitglieder in der Schule eingesehen werden. Die Mitglieder der Schulkonferenz sowie die oder der Vorsitzende des Schulelternbeirats und der Schüler- oder Studierendenvertretung erhalten jeweils eine Ausfertigung der Niederschrift. Ein Rechtsanspruch auf Aushändigung einer Kopie der Niederschrift an die Ersatzmitglieder besteht nicht, soweit nicht die Schulkonferenz mit der Mehrheit der abgegebenen Stimmen beschließt, dass eine Ausfertigung der Niederschrift nach der Genehmigung grundsätzlich oder im Einzelfall ausgehändigt wird.

§ 13 Ausführung der Beschlüsse

(1) Die Verantwortung für die Ausführung der Beschlüsse der Schulkonferenz trägt die Schulleiterin oder der Schulleiter. Die Beschlüsse sind durch die Schulleiterin oder den Schulleiter den von der Entscheidung Betroffenen, in jedem Fall dem Schulelternbeirat, dem Schüler- oder Studierendenrat und der Gesamtkonferenz sowie dem Personalrat nach Maßgabe des Hessischen Personalvertretungsgesetzes bekannt zu geben. Dies gilt nicht für Angelegenheiten, die ihrer Bedeutung nach einer vertraulichen Behandlung bedürfen.

(2) Beschlüsse der Schulkonferenz in Angelegenheiten, die der Zustimmung des Schulelternbeirats und des Schülerrats nach §§ 110 Abs. 2, 122 Abs. 5 Satz 2 Hessisches Schulgesetz bedürfen oder in denen der Schulelternbeirat oder der Schülerrat nach §§ 110 Abs. 3, 122 Abs. 5 Satz 2 Hessisches Schulgesetz anzuhören ist, treten erst in Kraft, wenn das Beteiligungsverfahren abgeschlossen ist (§§ 111, 112, 122 Abs. 5 Satz 2 Hessisches Schulgesetz).

§ 14 Beanstandung der Beschlüsse

(1) Die Schulleiterin oder der Schulleiter muss Beschlüsse der Schulkonferenz beanstanden, die gegen Rechts- und Verwaltungsvorschriften oder Anordnungen der Schulaufsichtsbehörde verstoßen. Die Beanstandung hat aufschiebende Wirkung und ist zu begründen. Im Falle einer Beanstandung muss die Schulkonferenz frühestens nach zehn, spätestens vor Ablauf von zwanzig Schultagen, die Angelegenheit erneut beraten. Hilft sie der Beanstandung nicht ab, entscheidet die zuständige Schulaufsichtsbehörde.

(2) Die Schulleiterin oder der Schulleiter kann Beschlüsse der Schulkonferenz beanstanden, wenn sie oder er aus pädagogischen Gründen erhebliche Bedenken hat. In diesen Fällen hat die Schulkonferenz frühestens nach zehn, spätestens vor Ablauf von zwanzig Schultagen, die Angelegenheit erneut zu beraten. Ein erneuter Beschluss der Schulkonferenz wird verbindlich, sofern nicht auf Antrag der Schulleiterin oder des Schulleiters die zuständige Schulaufsichtsbehörde ihn aufhebt.

§ 15 Unaufschiebbare Entscheidungen

In unaufschiebbaren Fällen trifft die Schulleiterin oder der Schulleiter eine vorläufige Entscheidung. Sie oder er ist verpflichtet, unverzüglich der Schulkonferenz zu berichten und einen Beschluss herbeizuführen.

§ 16 Teilnahme der Aufsichtsbehörden und des Schulträgers

Vertreterinnen oder Vertreter der Schulaufsichtsbehörden können an der Schulkonferenz mit beratender Stimme teilnehmen. Zu Tagesordnungspunkten, die Angelegenheiten des Schulträgers betreffen, ist eine Vertreterin oder ein Vertreter des Schulträgers rechtzeitig von der Schulleiterin oder dem Schulleiter einzuladen.

ZWEITER TEIL
Konferenzen der Lehrkräfte

Erster Abschnitt
Allgemeines

§ 17 Zweck der Konferenzen der Lehrkräfte

(1) Konferenzen der Lehrkräfte haben die Aufgabe, zusammen mit der Schulleiterin oder dem Schulleiter und der Schulkonferenz die Eigenverantwortung der Schule im Sinne von § 127, § 127a Abs. 5 und §§ 127b bis 127i des Hessischen Schulgesetzes wahrzunehmen und weiterzuentwickeln. Sie sind im Rahmen der Rechts- und Verwaltungsvorschriften für alle Angelegenheiten des Unterrichts und der Erziehung nach Maßgabe dieser Konferenzordnung zuständig.

(2) Die Konferenzen der Lehrkräfte wirken in allen die Schule, die Erziehung und den Unterricht betreffenden Fragen sowie bei der Aufrechterhaltung der Ordnung in der Schule eng mit der Schulleiterin oder dem Schulleiter, der Schulkonferenz, den Eltern und den Schülerinnen und Schülern zusammen. Die der Schulleiterin oder dem Schulleiter durch Rechts- und Verwaltungsvorschriften eingeräumten Zuständigkeiten bleiben unberührt.

(3) Die Konferenzen der Lehrkräfte sollen das kollegiale und pädagogische Zusammenwirken der Lehrkräfte fördern. Dabei haben sie die pädagogische Freiheit der einzelnen Lehrkraft zu achten; diese findet ihre Grenzen an der Notwendigkeit gemeinschaftlicher Arbeit im Rahmen des Erziehungs- und Bildungsauftrages der Schule. Persönliche Angelegenheiten der Lehrkräfte dürfen von den Konferenzen der Lehrkräfte nur im Einvernehmen mit der oder dem Betroffenen oder auf ihren oder seinen Wunsch erörtert werden. Die Zuständigkeit der Personalräte bleibt unberührt.

§ 18 Arten der Konferenzen der Lehrkräfte

(1) Konferenzen der Lehrkräfte sind die Gesamtkonferenz und die Teilkonferenzen.

(2) Teilkonferenzen sind insbesondere die Jahrgangs-, Schulstufen-, Schulzweig-, Schulform-, Klassen-, Semester-, Abteilungs-, Fachbereichs- und Fachkonferenzen.

§ 19 Einrichtung der Konferenzen der Lehrkräfte

(1) Konferenzen der Lehrkräfte werden an allen Schulen mit mindestens drei hauptamtlichen Lehrkräften eingerichtet. Schulen mit weniger als drei hauptamtlichen Lehrkräften sind im Sinne der nachstehenden Bestimmungen zu leiten.

(2) Teilkonferenzen werden nach Maßgabe besonderer Bestimmungen oder auf Grund eines Beschlusses der Gesamtkonferenz eingerichtet. Die Schulleiterin oder der Schulleiter ist berechtigt, an Teilkonferenzen teilzunehmen; ihr oder ihm ist auf Antrag das Wort zu erteilen.

Zweiter Abschnitt
Verfahrensvorschriften

§ 20 Stimmberechtigung

Stimmberechtigt in Konferenzen der Lehrkräfte sind alle zur Teilnahme an den jeweiligen Konferenzen berechtigten oder verpflichteten Lehrkräfte und sozialpädagogischen Mitarbeiterinnen und Mitarbeiter der Schule, sofern nicht im Folgenden etwas anderes bestimmt wird.

§ 21 Beschlussfähigkeit

(1) Konferenzen der Lehrkräfte sind beschlussfähig, wenn außer der oder dem Vorsitzenden mindestens zwei Drittel der Stimmberechtigten anwesend sind.

(2) Solange die Beschlussunfähigkeit nicht festgestellt ist, gilt die Konferenz der Lehrkräfte als beschlussfähig. Nach Feststellung der Beschlussunfähigkeit hat die oder der Vorsitzende die Sitzung aufzuheben und innerhalb von vierzehn Tagen die nächste Konferenz der Lehrkräfte einzuberufen. Die nächste Konferenz der Lehrkräfte ist hinsichtlich der nicht behandelten Tagesordnungspunkte der aufgehobenen Sitzung ohne Rücksicht auf die Zahl der anwesenden Mitglieder beschlussfähig.

§ 22 Teilnahme der Mitglieder der Schulkonferenz

Die Teilnahme von Mitgliedern der Schulkonferenz an Konferenzen der Lehrkräfte richtet sich nach § 132 Hessisches Schulgesetz.

§ 23 Teilnahme der Schüler- und Studierendenvertretungen

Die Teilnahme von Schülerinnen und Schülern oder Studierenden an den Konferenzen der Lehrkräfte und ihre Stimmberechtigung richten sich nach § 122 Abs. 5 Satz 3 bis 5 Hessisches Schulgesetz sowie nach § 72 Abs. I, § 75 Abs. 3 Satz 2 und § 76 Abs. 3 Satz 2 der Verordnung über das Schulverhältnis vom 19. August 2011 in der jeweils geltenden Fassung.

§ 24 Teilnahme der Aufsichtsbehörden

(1) Die Schulaufsichtsbehörden haben das Recht, an allen Konferenzen der Lehrkräfte teilzunehmen. Ihren Vertreterinnen und Vertretern ist auf Wunsch das Wort zu erteilen.

(2) Die Schulaufsichtsbehörden können die Einberufung von Konferenzen der Lehrkräfte verlangen.

§ 25 Zeitpunkt

(1) Konferenzen der Lehrkräfte finden grundsätzlich außerhalb der Unterrichtszeit statt. Sie können ausnahmsweise während der Unterrichtszeit stattfinden, wenn die Organisation des Unterrichts an der Schule oder andere zwingende Gründe dies erfordern. Der Unterrichtsausfall ist im Fall des Satz 2 auf ein Mindestmaß zu beschränken.

(2) Konferenzen zur organisatorischen Vorbereitung des Unterrichtsbeginns am Schuljahresanfang sind spätestens in der letzten Ferienwoche durchzuführen.

§ 26 Entscheidungen

(1) Die Konferenzen der Lehrkräfte entscheiden durch Beschluss.

(2) Beschlüsse, die eine Konferenz der Lehrkräfte im Rahmen ihrer Zuständigkeit fasst, sind für ihre Mitglieder verbindlich.

(3) Beschlüsse werden mit einfacher Mehrheit der abgegebenen Stimmen gefasst, sofern diese Konferenzordnung nichts anderes vorschreibt. Stimmenthaltungen und ungültige Stimmen zählen bei der Berechnung der Mehrheit nicht mit. Bei Stimmengleichheit gilt der Antrag als abgelehnt. Die Abstimmungen sind offen, auf Verlangen eines Fünftels der anwesenden stimmberechtigten Mitglieder jedoch geheim.

(4) Auf Antrag eines der anwesenden stimmberechtigten Mitglieder ist bei der Wahl der Abwesenheitsvertreterin oder des Abwesenheitsvertreters und der Fachbereichsleiterin oder des Fachbereichsleiters (§§ 26 Abs. 2 und 32 Abs. 2 der Dienstordnung) geheim abzustimmen. Dies gilt auch für die Wahl der oder des Vorsitzenden der Fachkonferenzen nach § 42 Abs. 2 Satz 2.

§ 27 Ausführung der Konferenzbeschlüsse

Für die Ausführung der Konferenzbeschlüsse gilt § 13 entsprechend. Im Einvernehmen mit der Schulleiterin oder dem Schulleiter kann die Konferenz Lehrkräfte oder Ausschüsse mit der Ausführung beauftragen.

§ 28 Beanstandung von Konferenzbeschlüssen, unaufschiebbare Entscheidungen

(1) Für die Beanstandung und Aufhebung von Beschlüssen der Gesamtkonferenz gilt § 14 mit der Maßgabe, dass die Gesamtkonferenz die Angelegenheit frühestens nach drei, spätestens vor Ablauf von zehn Schultagen erneut beraten muss.

(2) Die Schulleiterin oder der Schulleiter muss Beschlüsse der Gesamtkonferenz beanstanden, wenn mindestens zwei Drittel der an der Schule tätigen Lehrkräfte dies innerhalb von fünf Unterrichtstagen nach der Beschlussfassung verlangen. § 14 Abs. 1 Satz 2 bis 4 findet entsprechende Anwendung.

(3) Für die Entscheidung der Schulleiterin oder des Schulleiters in unaufschiebbaren Fällen gilt § 15 entsprechend mit der Maßgabe, unverzüglich der Gesamtkonferenz zu berichten und einen Beschluss herbeizuführen.

§ 29 Pflicht zu Verschwiegenheit

(1) Die Beratungen und Beschlüsse der Konferenzen der Lehrkräfte, mit Ausnahme der Noten-, Zeugnis- und Versetzungskonferenzen, unterliegen grundsätzlich nicht der Verschwiegenheitspflicht. Die Konferenz der Lehrkräfte kann mit einer Mehrheit von zwei Dritteln der Stimmberechtigten die Verschwiegenheitspflicht beschließen.

(2) Die Mitglieder der Konferenzen der Lehrkräfte sowie die Angehörigen der Elternvertretung und der Schüler- oder Studierendenvertretung sowie die teilnehmenden Mitglieder der Schulkonferenz sind verpflichtet, über die Beratung der Angelegenheiten und Abstimmungen, die einzelne Schülerinnen und Schüler, Eltern, Lehrkräfte, sozialpädagogische Mitarbeiterinnen und Mitarbeiter der Schule oder Bedienstete der Schule unmittelbar betreffen, sowie in den in Abs. 1 Satz 2 genannten Fällen Verschwiegenheit zu bewahren. Eltern sowie Schüler- und Studierendenvertreter, die dagegen verstoßen, können durch Beschluss der Gesamtkonferenz von der weiteren Teilnahme an Konferenzen der Lehrkräfte für die Dauer oder auf Zeit ausgeschlossen werden.

§ 30 Ausschüsse

(1) Die Gesamtkonferenz kann für bestimmte Sachbereiche zeitlich begrenzt ständige Ausschüsse einsetzen und den Aufgabenbereich festlegen. Die Ausschüsse haben der Gesamtkonferenz zu berichten.

(2) Die Schulleiterin oder der Schulleiter oder die Gesamtkonferenz können zur Vorbereitung einzelner Tagesordnungspunkte Ausschüsse einsetzen; zu den Sitzungen der Ausschüsse ist mindestens ein Elternteil, das vom Schulelternbeirat zu benennen ist, und eine Schülerin oder ein Schüler oder eine Studierende oder ein Studierender, die von der Schüler- oder Studierendenvertretung zu benennen sind, hinzuzuziehen. Dies gilt nicht für Ausschüsse, die ausschließlich mit Personalangelegenheiten der Lehrerinnen und Lehrer befasst sind.

§ 31 Niederschrift

Die Regelungen über die Niederschrift für die Schulkonferenz (§ 12) gelten entsprechend. § 12 Abs. 2 Satz 2 gilt nicht für die Niederschriften über Zeugnis- und Versetzungskonferenzen sowie Konferenzen, bei denen ausschließlich Personalangelegenheiten der Lehrkräfte, Ordnungsmaßnahmen nach § 82 Abs. 2 oder Maßnahmen nach § 82a des Hessischen Schulgesetzes behandelt werden.

§ 32 [aufgehoben]

Dritter Abschnitt
Gesamtkonferenz

§ 33 Stellung der Gesamtkonferenz

(1) Die Gesamtkonferenz ist Beschlussorgan einer Schule im Rahmen der ihr durch § 111 Abs. 2 und § 133 Hessisches Schulgesetz übertragenen Aufgaben. Sie kann sich in Ergänzung dieser Konferenzordnung eine Geschäftsordnung geben. Die Geschäftsordnung kann durch Beschluss der Gesamtkonferenz auch für die Teilkonferenzen für entsprechend anwendbar erklärt werden.

(2) Sie kann Beschlüsse der Teilkonferenzen mit Ausnahme der Noten-, Zeugnis- und Versetzungskonferenzen aufheben.

(3) Soweit an beruflichen Schulen die Gesamtkonferenz die Aufgaben der Schulkonferenz wahrnimmt, weil Vertreterinnen und Vertreter der Eltern oder der Schülerinnen und Schüler nicht gewählt werden konnten (§ 131 Abs. 9 des Hessischen Schulgesetzes), richten sich die Mitwirkungsbefugnisse der Gesamtkonferenz nach § 129 und § 130 des Hessischen Schulgesetzes. Für das Verfahren gilt in diesem Fall der Zweite Abschnitt des Zweiten Teils dieser Verordnung; § 131 Abs. 4 bis 8 und § 133 Abs. 1 Satz 3 bis 5 des Hessischen Schulgesetzes sind nicht anzuwenden.

§ 34 Mitglieder der Gesamtkonferenz

(1) Zur Teilnahme an der Gesamtkonferenz sind verpflichtet:

1. hauptamtlich tätige Lehrkräfte, die mindestens die Hälfte der von ihnen erteilten Pflichtstunden an der Schule unterrichten,
2. die an der Schule hauptamtlich tätigen sozialpädagogischen Mitarbeiterinnen und Mitarbeiter,
3. Lehrkräfte im Vorbereitungsdienst, die mindestens die Hälfte des von ihnen erteilten eigenverantwortlichen Unterrichts an der Schule erteilen,
4. als Lehrkräfte und sozialpädagogische Mitarbeiterinnen und Mitarbeiter an der Schule nebenamtlich oder nebenberuflich tätige Bedienstete, sofern ihre Tätigkeit an der Schule sich auf mehr als acht Wochenstunden erstreckt.

(2) Zur Teilnahme an der Gesamtkonferenz sind berechtigt:

1. die hauptamtlich tätigen Lehrkräfte, die weniger als die Hälfte der von ihnen erteilten Pflichtstunden an der Schule unterrichten,
2. die an der Schule unterrichtenden Lehrkräfte im Vorbereitungsdienst, sofern die in Abs. 1 Nr. 3 genannten Voraussetzungen nicht vorliegen,
3. als Lehrkräfte und sozialpädagogische Mitarbeiterinnen und Mitarbeiter an der Schule Tätige, sofern die in Abs. 1 Nr. 4 genannten Voraussetzungen nicht vorliegen.

(3) Hauptamtlich tätige Lehrkräfte, die an keiner Schule mindestens die Hälfte der von ihnen erteilten Pflichtstunden unterrichten, sind zur Teilnahme an der Gesamtkonferenz ihrer Stammschule verpflichtet.

(4) Auf Anordnung der Schulleiterin oder des Schulleiters oder auf Beschluss der Gesamtkonferenz sind die in Abs. 2 Genannten zur Teilnahme verpflichtet. Sonstige an der Schule tätige Bedienstete sind durch die Schulleiterin oder den Schulleiter zur Beratung solcher Tagesordnungspunkte hinzuzuziehen, die ihren Aufgabenbereich betreffen.

(5) Die oder der Vorsitzende des Schulelternbeirats, die Stellvertreterin oder der Stellvertreter sowie drei weitere Angehörige des Schulelternbeirats können an der Konferenz mit beratender Stimme teilnehmen. Die Tagesordnung ist der Vorsitzenden oder dem Vorsitzen-

den des Schulelternbeirats rechtzeitig zuzuleiten; der Schulelternbeirat entscheidet, wen er in die Gesamtkonferenz entsendet. Dies gilt auch für Teilkonferenzen, mit Ausnahme der Zeugnis- und Versetzungskonferenz und solcher Konferenzen, in denen ausschließlich Personalangelegenheiten der Lehrerinnen und Lehrer, Ordnungsmaßnahmen nach § 82 Abs. 2 oder Maßnahmen nach § 82a des Hessischen Schulgesetzes behandelt werden, mit der Maßgabe, dass bis zu drei Beauftragte des Schulelternbeirats beratend teilnehmen können (§ 110 Abs. 6 Hessisches Schulgesetz).

(6) Abs. 5 gilt entsprechend für Schüler- und Studierendenvertreter sowie für Mitglieder der Schulkonferenz (§ 122 Abs. 2 Satz 2, Abs. 5, § 125 Abs. 1 und § 132 Satz 1 Hessisches Schulgesetz).

§ 35 Vorsitzende oder Vorsitzender der Gesamtkonferenz

(1) Vorsitzende oder Vorsitzender der Gesamtkonferenz ist die Schulleiterin oder der Schulleiter.

(2) Die Schulleiterin oder der Schulleiter kann sich durch die ständige Vertreterin oder den ständigen Vertreter oder, falls die Vertreterin oder der Vertreter verhindert ist, durch eine von ihr oder ihm beauftragte Lehrkraft oder durch die nach § 26 Abs. 2 der Dienstordnung gewählte Lehrkraft vertreten lassen, sofern diese nicht dem Personalrat angehört.

(3) Mit Zustimmung der Schulleiterin oder des Schulleiters, die widerruflich ist, kann die Gesamtkonferenz für die Beratung einzelner Tagesordnungspunkte oder für die jeweilige Sitzung eine Verhandlungsleiterin oder einen Verhandlungsleiter wählen.

§ 36 Einberufung der Gesamtkonferenz

(1) Die Gesamtkonferenz ist bei Bedarf, mindestens jedoch einmal im Schulhalbjahr einzuberufen.

(2) Die Schulleiterin oder der Schulleiter oder eine von ihr oder von ihm Beauftragte oder ein Beauftragter beruft die Gesamtkonferenz unter Angabe von Zeit, Ort und Tagesordnung in der Regel sieben, mindestens drei, bei beruflichen Schulen mindestens zwölf Unterrichtstage vorher ein (ordentliche Konferenz); gleichzeitig erhalten die oder der Vorsitzende des Schulelternbeirats und des Schülerrats oder der Studierendenvertretung eine Durchschrift der Einladung und Tagesordnung und nehmen an den Konferenzen mit beratender Stimme teil. In den Fällen des § 33 Abs. 3 ist in der Tagesordnung darauf hinzuweisen, dass die Gesamtkonferenz an Stelle der Schulkonferenz handelt. Anträge zur Tagesordnung können von jedem Mitglied, von der Schüler- oder Studierendenvertretung oder dem Schulelternbeirat zu Beginn der Konferenz gestellt werden. Die Gesamtkonferenz entscheidet mit Zweidrittelmehrheit, ob diese Anträge als Dringlichkeitsanträge zugelassen sind; zugelassene Dringlichkeitsanträge sind in der Regel vorrangig zu behandeln. Nicht erledigte Tagesordnungspunkte sind auf die Tagesordnung der nächsten Gesamtkonferenz zu setzen und sodann vorrangig zu behandeln.

(3) In Ausnahmefällen kann die Gesamtkonferenz auch ohne Einhaltung der Ladungsfrist mit entsprechender Begründung einberufen werden.

(4) Die Gesamtkonferenz muss innerhalb von zwölf Unterrichtstagen einberufen werden, wenn dies von einem Viertel der stimmberechtigten Mitglieder unter Angabe der Tagesordnung schriftlich beantragt wird (außerordentliche Konferenz). Die Rechte der Schulaufsichtsbehörden bleiben unberührt. Das Gleiche gilt, wenn drei Viertel der Angehörigen der Schüler- oder Studierendenvertretung oder des Schulelternbeirats dies unter Angabe der Tagesordnung schriftlich beantragen. Unterlagen für die Beratung sollen den Mitgliedern der Konferenz und den sonstigen Teilnahmeberechtigten in der Regel mit der Einladung übermittelt werden.

Vierter Abschnitt
Teilkonferenzen

§ 37 Klassenkonferenzen

(1) Klassenkonferenzen finden für alle Klassen statt, in denen mindestens drei Lehrkräfte unterrichten. Zur Teilnahme an Klassenkonferenzen verpflichtet sind die in der Klasse unterrichtenden Lehrkräfte und die in der Klasse regelmäßig tätigen sozialpädagogischen Mitarbeiterinnen und Mitarbeiter.

(2) Die Klassenlehrerin oder der Klassenlehrer beruft bei Bedarf die Klassenkonferenz im Einvernehmen mit der Schulleiterin oder dem Schulleiter unter Angabe von Ort, Zeit und Tagesordnung ein. Die Klassenlehrerin oder der Klassenlehrer kann zu einer Klassenkonferenz einladen, wenn dies die Klassensprecherin oder der Klassensprecher unter Angabe von triftigen Gründen beantragt. Die Schulleiterin oder der Schulleiter kann den Vorsitz übernehmen.

(3) Die Klassenkonferenz berät und beschließt im Rahmen der ihr durch § 135 Hessisches Schulgesetz übertragenen Aufgaben.

(4) Die Klassenlehrerin oder der Klassenlehrer soll auch die Lehrkräfte zur Teilnahme an der Klassenkonferenz verpflichten, die die betroffene Schülerin oder den betroffenen Schüler vor einem Wechsel der Lehrkraft im laufenden Schuljahr zuletzt unterrichtet haben und noch der Schule angehören. Dies gilt auch für Lehrkräfte, die die betroffene Schülerin oder den betroffenen Schüler vor einer Umstufung im Rahmen des Kursunterrichts oder vor einem Wechsel der Lehrkraft bei epochal erteiltem Unterricht zuletzt unterrichtet haben, sofern die zu behandelnden Tagesordnungspunkte dies erfordern.

(5) Soweit kein Klassenverband besteht, werden die Aufgaben der Klassenkonferenz von einer Konferenz der die Schülerinnen und Schüler unterrichtenden Lehrkräfte, der Semester- oder Jahrgangskonferenz wahrgenommen.

(6) §§ 28, 30, 31, 34 Abs. 5 und 36 Abs. 2 bis 4 gelten entsprechend; § 75 Abs. 4 Hessisches Schulgesetz bleibt unberührt.

§ 38 Semesterkonferenzen

In den Schulen mit Semestereinteilung sind Semesterkonferenzen einzurichten. Auf sie finden die Vorschriften über die Klassenkonferenz entsprechend Anwendung.

§ 39 Schulstufen- und Jahrgangskonferenzen

(1) Zur Teilnahme an Schulstufenkonferenzen sind alle in der Schulstufe hauptamtlich, nebenamtlich oder nebenberuflich tätigen Lehrkräfte, sozialpädagogischen Mitarbeiterinnen und Mitarbeiter, technischen und sonstigen Mitarbeiterinnen und Mitarbeiter mit Ausnahme des Schulverwaltungspersonals sowie die Lehrkräfte im Vorbereitungsdienst, zur Teilnahme an Jahrgangskonferenzen alle in diesem Jahrgang hauptamtlich, nebenamtlich oder nebenberuflich tätigen Lehrkräfte, sozialpädagogischen Mitarbeiterinnen und Mitarbeiter, technischen und sonstigen Mitarbeiterinnen und Mitarbeiter sowie die Lehrkräfte im Vorbereitungsdienst verpflichtet.

(2) Den Vorsitz in der Schulstufenkonferenz führt die Schulstufenleiterin oder der Schulstufenleiter oder die Lehrkraft; die diese Aufgabe wahrnimmt. Falls keine Leiterin oder kein Leiter bestellt ist und auch keine Lehrkraft diese Aufgabe wahrnimmt, übernimmt eine von der Schulstufenkonferenz gewählte Lehrkraft den Vorsitz. Die Jahrgangskonferenz wählt die Vorsitzende oder den Vorsitzenden für das laufende Schuljahr. Die Schulleiterin oder der Schulleiter kann den Vorsitz in der Schulstufenkonferenz oder der Jahrgangskonferenz übernehmen. § 35 Abs. 3 findet entsprechend Anwendung.

(3) Die Vorsitzende oder der Vorsitzende der Schulstufenkonferenz oder der Jahrgangskonferenz beruft bei Bedarf im Einvernehmen mit der Schulleiterin oder dem Schulleiter die Konferenz unter Angabe von Zeit, Ort und Tagesordnung ein und leitet sie.

(4) Die Schulstufenkonferenz berät und beschließt über pädagogische und organisatorische Angelegenheiten der Stufe, die Jahrgangskonferenz über pädagogische und organisatorische Angelegenheiten des Jahrgangs. Dabei sind die Belange der gesamten Schule und die Zusammenarbeit mit anderen an der Schule bestehenden Stufen und Schulformen zu wahren und gegebenenfalls Empfehlungen im Rahmen eines Schulverbundes zu berücksichtigen.

(5) §§ 28, 30 bis 32 und 34 Abs. 5 gelten entsprechend.

§ 40 Schulform- und Schulzweigkonferenzen

(1) Sind in einer Schule verschiedene Schulformen organisatorisch verbunden, so sind Konferenzen der einzelnen Schulformen (Schulformkonferenz) oder Schulzweige (Schulzweigkonferenz) zulässig. Für diese Konferenzen gelten die Vorschriften über die Schulstufenkonferenzen sinngemäß, soweit im Folgenden nichts anderes bestimmt ist.

(2) Schulformkonferenzen dürfen nur über solche Angelegenheiten beraten und beschließen, die ausschließlich für die jeweilige Schulform von Bedeutung sind. Die Belange der gesamten Schule und die Zusammenarbeit mit anderen an der Schule vertretenen Schulformen sind zu wahren. Das Gleiche gilt für die Schulzweigkonferenz.

(3) Den Vorsitz in der Schulformkonferenz führt die Schulformleiterin oder der Schulformleiter, in der Schulzweigkonferenz die Schulzweigleiterin oder der Schulzweigleiter oder die jeweilige Lehrkraft, die diese Aufgabe wahrnimmt. Falls keine Leiterin und kein Leiter bestellt ist und auch keine Lehrkraft die jeweilige Aufgabe wahrnimmt, übernimmt eine von der jeweiligen Konferenz gewählte Lehrkraft den Vorsitz. Die Schulleiterin oder der Schulleiter kann den Vorsitz übernehmen.

(4) §§ 28, 30, 31, 34 Abs. 5 und 36 Abs. 2 bis 4 gelten entsprechend.

§ 41 Abteilungskonferenzen

(1) In Schulen, die in Abteilungen gegliedert sind, können Abteilungskonferenzen eingerichtet werden.

(2) Zur Teilnahme verpflichtet sind die in der Abteilung hauptamtlich, nebenamtlich oder nebenberuflich tätigen Lehrkräfte, sozialpädagogischen Mitarbeiterinnen und Mitarbeiter, technischen und sonstigen Mitarbeiterinnen und Mitarbeiter mit Ausnahme des Schulverwaltungspersonals und die Lehrkräfte im Vorbereitungsdienst.

(3) Die Abteilungsleiterin oder der Abteilungsleiter oder die Lehrkraft, die diese Aufgabe wahrnimmt, beruft die Abteilungskonferenz im Einvernehmen mit der Schulleiterin oder dem Schulleiter unter Angabe von Zeit, Ort und Tagesordnung ein und leitet sie. Die Schulleiterin oder der Schulleiter kann den Vorsitz übernehmen.

(4) Die Abteilungskonferenz berät und entscheidet insbesondere über:
1. Die Koordination der pädagogischen Arbeit in der Abteilung;
2. Grundsätze der Notengebung und der Abschlussprüfungen im Rahmen der geltenden Vorschriften.

(5) §§ 28, 30, 31, 34 Abs. 5 und 36 Abs. 2 bis 4 gelten entsprechend.

§ 42 Fach- und Fachbereichskonferenzen

(1) Fach- und Fachbereichskonferenzen können für die gesamte Schule, einzelne Schulstufen, einzelne Schulzweige oder einzelne Schuljahrgänge stattfinden.

(2) Den Vorsitz in den Fachbereichskonferenzen führt die Fachbereichsleiterin oder der Fachbereichsleiter oder die Lehrkraft, die diese Aufgabe wahrnimmt. Den Vorsitz in den Fachkonferenzen führt eine von der jeweiligen Konferenz für die Dauer von drei Jahren

gewählte hauptamtliche Lehrkraft, in Förderschulen die Stufenleitern oder der Stufenleiter. Die Schulleiterin oder der Schulleiter kann den Vorsitz übernehmen.

(3) Zur Teilnahme an den Fach- und Fachbereichskonferenzen sind die Lehrkräfte und die Lehrkräfte im Vorbereitungsdienst verpflichtet, die in dem entsprechenden Fach oder dem jeweiligen Fachbereich in der Schule, in der Schulstufe, in dem Schulzweig oder in dem jeweiligen Schuljahrgang unterrichten. An den Konferenzen können die Schulleiterin oder der Schulleiter, die Schulzweigleiterin oder der Schulzweigleiter, die pädagogische Leiterin oder der pädagogische Leiter, die Stufenleiterin oder der Stufenleiter, die Studienleiterin oder der Studienleiter, die Abteilungsleiterin oder der Abteilungsleiter an beruflichen Schulen oder die Lehrkraft, die die jeweilige Aufgabe wahrnimmt und die Lehrkräfte, die die Lehrbefähigung für das entsprechende Fach besitzen, sowie an den in Abs. 2 Satz 2 genannten Konferenzen auch die Fachbereichsleiterin oder der Fachbereichsleiter oder die Lehrkraft, die diese Aufgabe wahrnimmt, beratend teilnehmen. Die zuständigen Ausbildungsleiterinnen oder Ausbildungsleiter und Fachleiterinnen und Fachleiter der Studienseminare können zugezogen werden.

(4) Die Vorsitzenden der Fachbereichs- und Fachkonferenzen berufen diese bei Bedarf im Einvernehmen mit der Schulleiterin oder dem Schulleiter rechtzeitig unter Angabe der Tagesordnung ein. Fach- und Fachbereichskonferenzen sind innerhalb von zwölf Unterrichtstagen einzuberufen, wenn die Schulleiterin oder der Schulleiter oder mindestens ein Viertel der in Abs. 3 Satz 1 Genannten dies schriftlich unter Angabe der Tagesordnung beantragen. Über Fachkonferenzen sind die Fachbereichsleiterin oder der Fachbereichsleiter, bei beruflichen Schulen die Abteilungsleiterin oder der Abteilungsleiter, über Konferenzen, die die Oberstufe betreffen, auch die Studienleiterin oder der Studienleiter oder die Lehrkraft, die die jeweilige Aufgabe wahrnimmt, zu informieren.

(5) Die Fach- und Fachbereichskonferenzen beraten über alle ein Fach, eine Fachrichtung oder einen Lernbereich betreffenden Angelegenheiten. Sie entscheiden im Rahmen der ihnen durch § 134 Abs. 1 Hessisches Schulgesetz übertragenen Aufgaben und der von der Schul- oder Gesamtkonferenz beschlossenen Grundsätze.

Die Fach- und Fachbereichskonferenzen dienen auch dem Erfahrungsaustausch der im Fach, einer Fachrichtung oder einem Lernbereich unterrichtenden Lehrkräfte sowie der Berichterstattung von Teilnehmerinnen und Teilnehmern an Fortbildungsveranstaltungen der Lehrkräfte.

(6) §§ 28, 30, 31, 34 Abs. 5 und 36 Abs. 2 bis 4 gelten entsprechend.

DRITTER TEIL
Schlussvorschriften

§ 43 Aufhebung von Vorschriften

Die Allgemeine Konferenzordnung vom 22. Juni 1983 (ABl. S. 443) wird aufgehoben.

§ 44*) In-Kraft-Treten, Außer-Kraft-Treten

Diese Konferenzordnung tritt am Tage nach der Verkündung in Kraft. Sie tritt mit Ablauf des 31. Dezember 2019 außer Kraft.

*) Satz 1 dieser Bestimmung betrifft das In-Kraft-Treten der Verordnung in der ursprünglichen Fassung.

Übersicht über wesentliche Regelungen

Bezeichnung	Abkürzung	Aktuelle Fassung/Fundstelle
Allg. Ferienordnung	–	14.10.2004 ABl. S. 904
Arbeitsschutzgesetz	ArbSchG	19.10.2013 BGBl. I S. 3836
Aufsichtsverordnung	–	22.11.2014 ABl. 2014 S. 682
Beamtengesetz	HBG	20.11.2013 GVBl. S. 578
Beamtenstatusgesetz	BeamtStG	5.2.2009 BGBl. I S. 160
Bürgerliches Gesetzbuch	BGB	22.7.2014 BGBl. I S. 1218
Verordnung über die Verarbeitung personenbezogener **Daten in Schulen und statistische Erhebungen an Schulen**		19.3.2013 ABl. S. 222
Führungsgrundsätze in der hessischen Landesverwaltung	–	4.4.2007 StAnz S. 890
Erlass über **Geschäftsverkehr**		13.9.2011 ABl. S. 774
VO über die **Gestaltung des Schulverhältnisses**	VOGestSchV	19.3.2013 ABl. S. 222
Grundgesetz	GG	11.7.2012 BGBl. I S. 1478
Konferenzordnung	KO	19.11.2012 ABl. S. 710
Korruptionserlass	–	17.10.2006 StAnz S. 2490
VO über die **Landessiegel**		15.12.2009 GVBl. I S. 716
Lehrerbildungsgesetz	HLBG	28.9.2011 GVBl. I S. 590
Durchführungsverordnung zum **Lehrerbildungsgesetz**	HLBGDV	16.3.2005 ABl. S. 202
Mehrarbeitsvergütungsverordnung		20.11.2013 GVBl. S. 578
Hess. **Personalvertretungsgesetz**	HPVG	27.5.2013 GVBl. S. 218
Pflichtstundenverordnung		19.3.2013 ABl. S. 222
Schulgesetz	HSchG	24.3.2015 GVBl. S. 118
Schulgesundheitspflege	–	ABl. 2006 S. 161
Erlass über **Schulwanderungen und Schulfahrten**	–	7.2.2009 ABl. 2010 S. 24
Stellenbesetzungserlass	–	22.11.2001 ABl. 2002 S. 8
Strafgesetzbuch	StGB	21.1.2015 BGBl. I S. 10
Tarifvertrag – Hessen	TV-H	31.1.2012
Urlaubsverordnung	UrlVO	17.12.2013 GVBl. I S. 686
Erlass über **Verteilung von Schriften, Aushängen und Sammlungen in der Schule**	–	18.2.2010 ABl. S. 90
Verwaltungsverfahrensgesetz	HVwVfG	13.12.2012 GVBl. I S. 622

Abkürzungsverzeichnis

ABl.	Amtsblatt des Hessischen Kultusministeriums
Abs.	Absatz
Art.	Artikel
Az.	Aktenzeichen
BAT	Bundesangestelltentarifvertrag
BeamtStG	Beamtenstatusgesetz
BGBl.	Bundesgesetzblatt
d.h.	Das heißt
DO	Dienstordnung
ff.	Fortfolgende
GG	Grundgesetz
GVBl.	Gesetz- und Verordnungsblatt des Landes Hessen
HBG	Hessisches Beamtengesetz
HGO	Hessische Gemeindeordnung
HKO	Hessische Landkreisordnung
HLBG	Hessisches Lehrerbildungsgesetz
HPVG	Hessisches Personalvertretungsgesetz
HSchG	Hessisches Schulgesetz
KO	Konferenzordnung
LiV	Lehrkraft im Vorbereitungsdienst
ME	Aktenzeichen eines Verwaltungsgerichts
o.	oben
S.	Seite
StAnZ	Staatsanzeiger des Landes Hessen
StGB	Strafgesetzbuch
TH	Aktenzeichen eines Verwaltungsgerichts
TV-H	Tarifvertrag für den öffentlichen Dienst des Landes Hessen
u.	unten
UVO	Umsetzungsverordnung zum Hessischen Lehrerbildungsgesetz
VE	Aktenzeichen eines Verwaltungsgerichts
vgl.	vergleiche
VOBGM	Verordnung über die Bildungsgänge der Primar- und Sekundarstufe I
VOGestSchV	Verordnung zur Gestaltung des Schulverhältnisses

Stichwortverzeichnis

Die Ziffern bezeichnen die Seitenzahlen.

A

B

D

E

F

G

H

I

J

K

L

M

N

Stichwortverzeichnis